뚝딱 그림으로!! 쿵쿵따 챈트로!!

자동암기 신비한자

김인숙 지음

6급

다락원

김인숙

한어교육원 대표
한중상용한자지도사 양성
한자놀이지도사 양성
어린이중국어지도사 양성
유한대학교 외래교수
중국루동대학교 국제중국어과 석좌교수

» 저서
「자동암기 신비한자 8급, 7급, 6급, 5급 시리즈」
「가장 쉬운 어린이 중국어 시리즈」
「주니어 신HSK붐붐 1, 2, 3, 4권」
「어린이YCT붐붐2급」
「국민대표중국어첫걸음」
「뽀뽀와 구루몽의 신나는 중국어 시리즈」 공저

» 콘텐츠 개발
호락호락오감중국어
한자랑중국어랑 놀자
문정아중국어 '리듬'기획

자동암기 신비한자 6급

지은이 김인숙
펴낸이 정규도
펴낸 곳 (주)다락원

초판 1쇄 발행 2021년 3월 10일
초판 4쇄 발행 2025년 4월 20일

편집 이후춘, 한채윤, 윤성미, 전수민
마케팅 백수하, 김아름

디자인 정현석, 박정현, 이승현
일러스트 김은미

다락원 경기도 파주시 문발로 211
내용 및 구입문의: (02)736-2031 내선 290~296
팩스: (02)732-2037 내선 250~252
출판등록 1977년 9월 16일 제406-2008-000007호

Copyright© 2021, 김인숙

저자 및 출판사의 허락 없이 이 책의 일부 또는 전부를 무단 복제·전재·발췌할 수 없습니다.
구입 후 철회는 회사 내규에 부합하는 경우에 가능하므로 구입문의처에 문의하시기 바랍니다.
분실·파손 등에 따른 소비자 피해에 대해서는 공정거래위원회에서 고시한 소비자 분쟁 해결 기준에 따라 보상 가능합니다. 잘못된 책은 바꿔 드립니다.

ISBN 978-89-277-7117-3 13720

차례

이 책의 구성 · 4
한자를 배우면 무엇이 좋을까요? · · · · · · · · · · · · · · · · · · 6

1단계 休 士 今 文 字 央 夫 正 老 電 · · · · · · · · · · · · 12
　한자어 休日　夫人　老少　休校　正字　工夫　士大夫　文字

2단계 來 答 氣 向 方 午 不 同 末 時 · · · · · · · · · · · · 26
　한자어 人氣　末年　同時　方正　向上　方向　名答
　　　　四方八方

3단계 衣 古 巾 食 登 空 里 住 長 場 · · · · · · · · · · · · 40
　한자어 中古　空中　登山　登場　外食　衣食住　上衣
　　　　東西古今

4단계 本 位 車 世 國 民 軍 面 記 萬 · · · · · · · · · · · · 54
　한자어 人力車　外國　日記　國民　住民　場面　軍人　世上

5단계 問 分 草 平 市 洞 事 前 後 植 · · · · · · · · · · · · 68
　한자어 記事　每事　食後　市民　草木　水平　前後左右
　　　　東問西答

6단계 海 家 道 農 祖 物 安 全 有 好 · · · · · · · · · · · · 82
　한자어 家門　農家　問安　家長　先祖　好衣好食
　　　　世上萬事　全心全力

7단계 學 校 孝 每 邑 教 育 漢 語 代 · · · · · · · · · · · · 96
　한자어 教育　古代　每事　世代　語學　學年　孝道　休學

8단계 色 室 間 合 所 韓 歌 你 们 吗 · · · · · · · · · · · · 110
　한자어 間食　教室　山所　中間　韓食　合同　國歌　空間

정답 · 135
6급 HNK 실전 예상문제 · 146
준5급 대한검정회 실전 예상문제 · · · · · · · · · · · · · · · · 152

이 책의 구성

QR코드를 찍으면 더욱 생생한 음성으로 이야기를 들을 수 있어요.

재미있는 이야기로 오늘 배울 한자를 미리미리 알아봐요.

한자가 만들어지는 과정을 그림과 함께 알아봐요.

필순에 따라 정확하게 한자를 써 보고, 익혀요.

오늘 배운 한자의 중국어 발음과 뜻을 배워요.

배운 한자를 바르게 써 보고, 익혀요.

재미있는 한자익히기

문제를 풀면서 앞에서 배운 한자를 다시 한번 복습해요.

신나는 한자놀이

다양한 놀이 학습으로 문제를 풀다보면 한자가 머리에 쏙쏙!

쿵쿵따 리듬한자

QR코드를 찍으면 휴대폰으로 바로 재생할 수 있어요.

쿵쿵따! 신나는 리듬으로 한자를 부르며 복습 해요.

재미있는 한자이야기

생활에서 쓰이는 한자어와 고사성어를 이야기로 배워요.

한자카드

단어 카드를 뜯어서 나만의 단어장을 만들어 봐요.

실전 예상문제

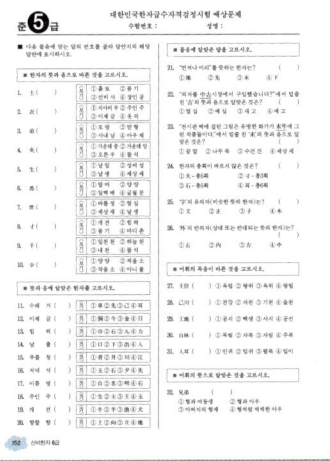

배운 한자를 실제 시험 유형으로 풀어보면서 시험에 대비해요.
- HNK 6급 시험 1회 제공
- 대한검정회 준5급 시험 1회 제공

이 책의 구성 5

한자를 배우면 무엇이 좋을까요?

① 우리말 단어의 70%가 한자어로 되어있어.

② 한자를 알면 우리말 이해가 쉬워져.

③ 낱말의 뜻 이해가 빨라져서 사회공부를 잘 할 수 있지!

地 땅 지 / 圖 그림 도

④ 한자를 알면 동양권 문화도 알게 되고, 제2외국어 학습에 도움이 돼!

⑤ 한자로 기록된 전통문화를 잘 이해할 수 있어.

⑥ 연상학습이 되니 머리가 똑똑해져.

한자는 어떻게 만들어 졌을까요?

상형문자
사물의 모양을 본떠 만든 글자

지사문자
회의문자
나무木와 나무木가 만나면 울창한 숲林이래.
수풀 림

형성문자
입(뜻)과 문(음)을 합하여 '물어보다' 라는 뜻이 된 글자.
물을 문

전주문자
이미 있는 한자를 이용하여 전혀 다른 음과 뜻으로 사용하는 글자

가차 문자
한자가 없을 때, 뜻은 다르나 음이 같거나 비슷한 한자를 찾아 사용된 글자

한자는 어떻게 공부해요?

1 한자의 3요소

한자는 각 글자마다 모양, 뜻, 읽는 방법의 소리가 있어요.

모양(形)	한자가 가지고 있는 자체 글자 모양
뜻(義)	한자가 가지고 있는 뜻
소리(音)	한자마다 구별할 수 있는 한자를 읽는 소리

예) 모양 : 天 | 뜻 : 하늘 | 소리 : 천

2 획의 모양과 명칭

한자를 배우기 전에 기본 획의 모양을 따라 써 보세요.

평 갈고리	왼 갈고리	꺾은 왼 갈고리	오른 갈고리	새을	누운 지게다리
⌐	↲	ㄱ	↳	ㄴ	ㄴ

한자를 바르고 예쁘게 쓰려면요?

필순(획순) : 한자를 쓰는 순서를 배워봐요.

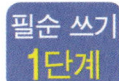 ① 위에서부터 아래로 쓴다.
예) 三 言

② 왼쪽부터 오른쪽으로 쓴다.
예) 川 州

③ 가로와 세로가 겹칠 때는 가로를 먼저 쓰고 세로를 쓴다. 예) 十 井

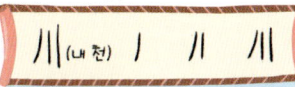 ④ 좌우 대칭인 글자는 가운데를 먼저 쓴다.
예) 小 水

⑤ 바깥쪽과 안쪽이 있을 때는 바깥쪽을 먼저 쓴다.
예) 日 月

⑥ 좌로 삐침(丿)과 우로 삐침(\)이 함께 올 때는 좌로 삐침(丿)을 먼저 쓴다.
예) 人 父

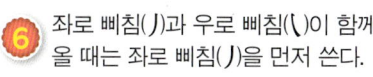 ⑦ 좌우로 꿰뚫는 가로획은 나중에 쓴다. 예) 女 母

⑧ 위에서 아래로 꿰뚫는 획은 나중에 쓴다.
예) 中

 ⑨ 아래를 에워싼 획은 나중에 쓴다.

⑩ 오른쪽 위의 점은 맨 나중에 쓴다.

⑪ 받침은 맨 나중에 쓴다.

1 쉴 휴

休
훈 쉴 음 휴

사람이 나무 그늘에서 쉬고 있는 모습. 뜻은 **쉬다**이고, **휴**라고 읽어요.

중국어
休 휴식하다
xiū 시우

휴일(休日) 휴학(休學)

총 6획 ノ 亻 亻 仁 什 休

부수 2획 亻 사람인 변
休

| 쉴 휴 | 쉴 휴 | 쉴 휴 | 쉴 휴 | 쉴 휴 | 쉴 휴 |

내일은 **휴** ☐ 일 이어서 학교에 가지 않아요.

2 선비 사

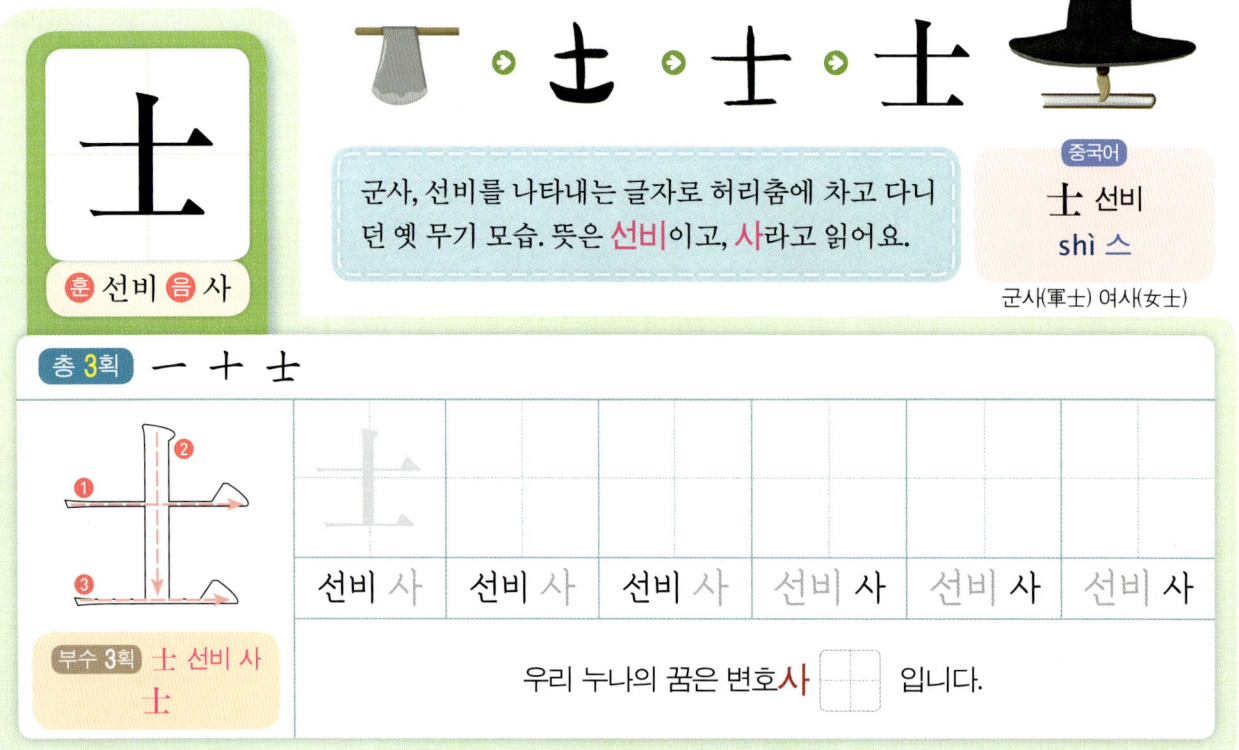

士
훈 선비 음 사

군사, 선비를 나타내는 글자로 허리춤에 차고 다니던 옛 무기 모습. 뜻은 **선비**이고, **사**라고 읽어요.

중국어
士 선비
shì 스

군사(軍士) 여사(女士)

총 3획 一 十 士

부수 3획 士 선비 사
士

| 선비 사 | 선비 사 | 선비 사 | 선비 사 | 선비 사 | 선비 사 |

우리 누나의 꿈은 변호**사** ☐ 입니다.

3 이제 금

훈 이제 음 금

'이제, 곧'이라는 뜻을 나타내는 글자로 입안에 무언가가 들어가 있는 모습. 뜻은 이제이고, 금이라고 읽어요.

중국어
今 지금, 이제
jīn 찐

총 4획 ノ 人 亽 今

부수 2획 人 사람인 변
今

| 이제 금 | 이제 금 | 이제 금 | 이제 금 | 이제 금 | 이제 금 |

지금 ☐ 부터 한 시간 동안 피아노를 배워요.

4 글월 문

훈 글월 음 문

사람의 몸에 그린 글자나 무늬의 모양.
뜻은 글월이고, 문이라고 읽어요.

중국어
文 문자, 글자
wén 원

총 4획 ` 一 ナ 文

부수 4획 文 글월 문
文

| 글월 문 | 글월 문 | 글월 문 | 글월 문 | 글월 문 | 글월 문 |

휴대폰으로 문 ☐ 자를 보내요.

1단계 15

5 글자 자

훈 글자 음 자

 →  字

집을 나타내는 지붕아래 아이를 가르치며 기르는 모습. 뜻은 **글자**이고, **자**라고 읽어요.

중국어
字 글자
zì 쯔

총 6획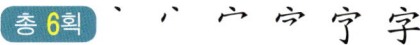

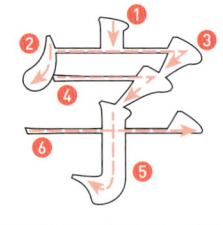

부수 3획 子 아들 자
字

| 글자 자 | 글자 자 | 글자 자 | 글자 자 | 글자 자 | 글자 자 |

동생은 숫**자** ☐ 공부를 하고 나는 한자공부를 합니다.

6 가운데 앙

훈 가운데 음 앙

 → 央

죄수가 도망가지 못하도록 목에 씌우던 나무 모습. 뜻은 **가운데**이고, **앙**이라고 읽어요.

중국어
央 중앙
yāng 양

총 5획 ㅣ ㄇ ㅁ 央 央

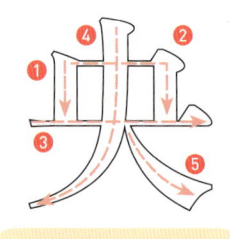

부수 3획 大 큰 대
央

| 가운데 앙 | 가운데 앙 | 가운데 앙 | 가운데 앙 | 가운데 앙 | 가운데 앙 |

벽 중**앙** ☐ 에 가족사진을 걸어요.

7 지아비 부

성인이 된 남자들이 머리의 상투에 동곳을 꽂아 머리를 고정하던 모습. 뜻은 **지아비**이고, **부**라고 읽어요.

중국어: 夫 남편 / fū 푸

훈 지아비 음 부

총 4획 一 二 夫 夫

부수 3획 大 큰 대
夫

| 지아비 부 | 지아비 부 | 지아비 부 | 지아비 부 | 지아비 부 | 지아비 부 |

형과 함께 도서실에서 공**부** □ 를 했어요.

8 바를 정

정당하고 바른 명분으로 적의 성 안으로 들어 가는 모습. 뜻은 **바를**이고, **정**이라고 읽어요.

중국어: 正 곧다, 바르다 / zhèng 정

훈 바를 음 정

총 5획 一 丅 下 正 正

부수 4획 止 그칠 지
正

| 바를 정 | 바를 정 | 바를 정 | 바를 정 | 바를 정 | 바를 정 |

친구와 학교 **정** □ 문 앞에서 만나기로 했어요.

1단계

9 늙을 노(로)

훈 늙을 음 노(로)

 老

노인이 지팡이를 짚고 있는 모양.
뜻은 **늙을**이고, **노(로)**라고 읽어요.

중국어
老 늙다, 오래된
lǎo 라오

총 6획 ー ＋ 土 耂 耂 老

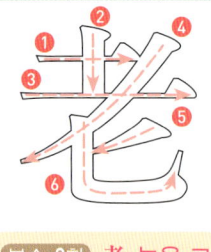

부수 6획 老 늙을 로
老

| 늙을 노(로) | 늙을 노(로) | 늙을 노(로) | 늙을 노(로) | 늙을 노(로) | 늙을 노(로) |

버스에서 **노** ☐ 인에게 자리를 양보하는 젊은 사람들이 많다.

10 번개 전

훈 번개 음 전

 雲 雷 電

비구름 사이로 벼락이 떨어지는 모습.
뜻은 **번개**이고, **전**이라고 읽어요.

중국어
电 전기
diàn 띠엔

총 13획 一 厂 戸 币 帀 雨 雨 雨 雪 雪 雷 電

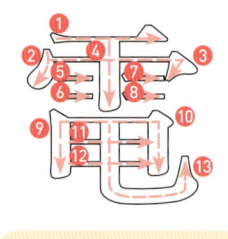

부수 8획 雨 비 우
電

| 번개 전 | 번개 전 | 번개 전 | 번개 전 | 번개 전 | 번개 전 |

전 ☐ 화로 할아버지 할머니께 안부를 전해요.

뚝딱뚝딱 한자 써 보기

1. 앞에서 배운 한자를 써 보세요.

休 쉴 휴		休					
士 선비 사		士					
今 이제 금		今					
文 글월 문		文					
字 글자 자		字					
央 가운데 앙		央					
夫 지아비 부		夫					
正 바를 정		正					
老 늙을 노(로)		老					
電 번개 전		電					

1단계

신나는 한자놀이

1 자판기 음료에 알맞은 부수 스티커를 붙여 보세요.

2 다음 한자에 알맞은 음(소리)를 써 보세요.

재미있는 한자익히기

1. 훈(뜻)과 알맞은 한자를 연결해 보세요.

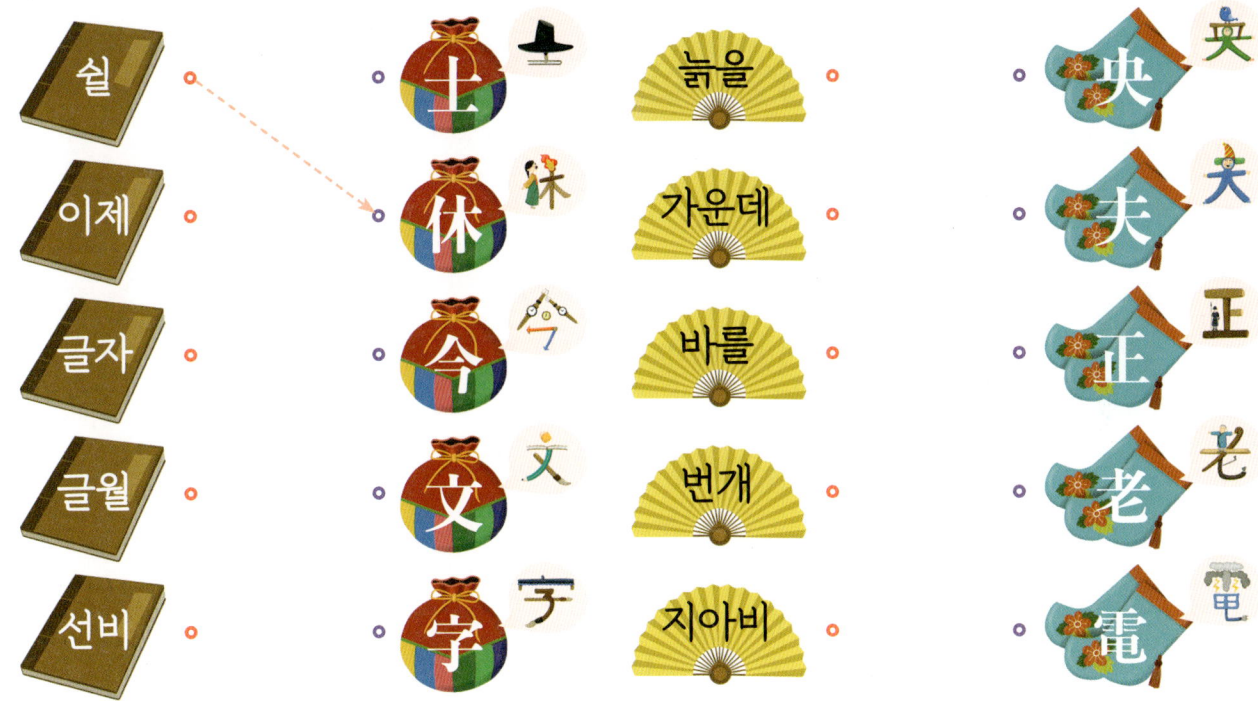

2. 한자에 알맞은 음(소리)를 찾아 ○표시를 하세요.

쿵쿵따 리듬한자

 나무에 기대 쉬는 **쉴 휴** 休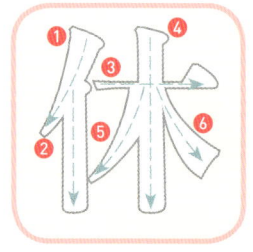

 군사, 선비 나타내는 **선비 사** 士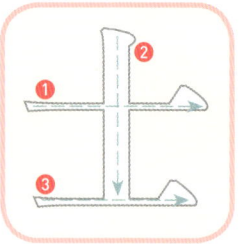

 이제, 곧, 바로, 지금 **이제 금** 今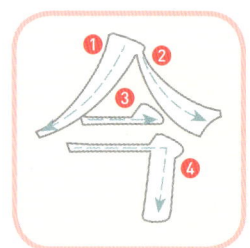

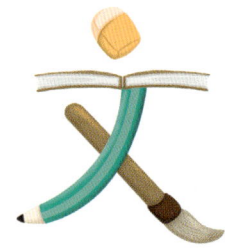 몸에 그린 글자 모양 **글월 문** 文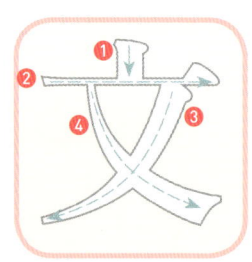

 집안에서 글자 배우는 **글자 자** 字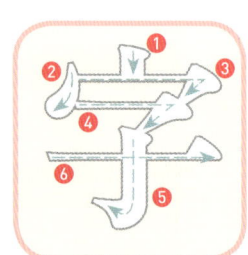

QR코드로 더 생생하게

 나무의 한 가운데 **가운데 앙** 央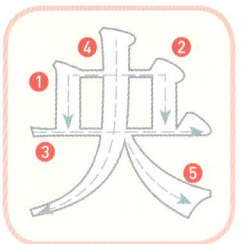

 어른이 된 성인 남자 **지아비 부** 夫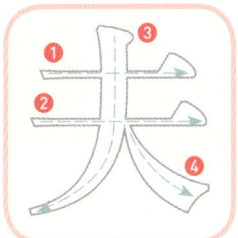

 바른길로 당당하게 **바를 정** 正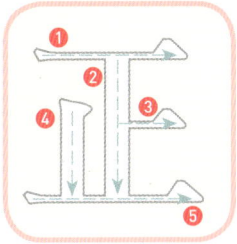

 지팡이를 짚고 있는 **늙을 노(로)** 老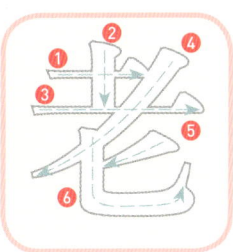

 비 사이로 번개 치는 **번개 전** 電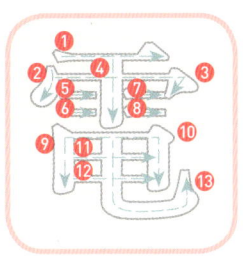

재미있는 한자이야기

休日 휴일
- 休 쉴 휴
- 日 날 일

일을 쉬고 노는 날

休日
휴 일

휴일에 공원에 놀러 갔다.

夫人 부인
- 夫 지아비 부
- 人 사람 인

남의 아내의 높임말

夫人
부 인

선생님의 부인은 외국인이다.

老少 노소
- 老 늙을 노(로)
- 少 적을/젊을 소

늙은이와 어린아이

老少
노 소

공원 입장료가 노소에 상관없이 무료이다.

休校 휴교
- 休 쉴 휴
- 校 학교 교

학교 수업과 업무를 한동안 쉼.

休校
휴 교

전염병이 유행하자 학교는 휴교령을 내렸다.

正字
정자

正 바를 정
字 글자 자

또박또박 바르게 쓴 글자

工夫
공부

工 장인 공
夫 지아비 부

학문이나 기술을 배우고 익히다

칠판에 자신의 이름을 정자로 써 놓았다.

한자를 알면 다른 과목 공부에 도움이 된다.

士大夫
사대부

士 선비 사
大 클/큰 대
夫 지아비 부

벼슬이나 문벌이 높은 사람

文字
문자

文 글월 문
字 글자 자

글자. 인간의 언어를 적는 데 사용하는 시각적인 기호 체계

그 건물은 사대부가 살던 전통 한옥집이다.

문자 메시지를 보내다.

어느 주말末 사자는 숲 속을 어슬렁거리다가 그물에 걸리고 말았어요. 사자는 발버둥 쳤지만 기氣운만 빠질뿐 그물을 빠져나갈 방方법이 없었어요. 사냥꾼이 오기 전에 탈출할 시時간이 없었어요.

이때, 생쥐가 사자를 향해向 달려 왔어요來. 생쥐는 커다란 앞니로 그물을 갉아서 사자를 구해주었지요.
"용기 앞에는 불不가능이란 없는 걸 알았어. 생쥐야 고마워."
사자와 생쥐는 친한 친구가 되어 형, 동同생처럼 지내게 되었답니다.

1 올 래(내)

훈 올 음 래(내)

보리가 외국에서 들어왔다는 뜻으로 보리모양을 본 뜬 모양. 뜻은 **올**이고, **래(내)**라고 읽어요.

중국어
来 오다, 돌아오다
lái 라이

총 8획 　一　ノ　ズ　ス　ヌ　來　來　來

부수 2획 人 사람인 변
來

올 래(내)	올 래(내)	올 래(내)	올 래(내)	올 래(내)	올 래(내)

내 ☐☐ 년에 동생이 초등학교에 입학해요.

2 대답 답

훈 대답 음 답

종이가 없던 시절 대나무 조각에 글을 적어 놓은 것을 나타냄. 뜻은 **대답**이고, **답**이라고 읽어요.

중국어
答 대답
dá 다

총 12획 　ノ　ト　ト　ゲ　ゲ　ゲ　ゲ　ダ　ダ　炊　答　答

부수 6획 竹 대 죽
答

대답 답	대답 답	대답 답	대답 답	대답 답	대답 답

정**답** ☐☐ 을 아는 친구들이 손을 번쩍 들고 말했어요.

3 기운 기

훈 기운 음 기

 → 氣 → 氣 → 氣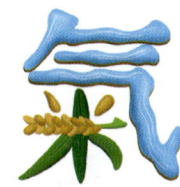

쌀로 밥을 지을 때 증발하는 증기를 나타냄. 뜻은 **기운**이고, **기**라고 읽어요.

중국어
气 기운, 힘
qì 치

총 10획 ノ 一 二 气 气 气 氧 氧 氣 氣

부수 4획 气 기운기 엄
氣

| 기운 기 | 기운 기 | 기운 기 | 기운 기 | 기운 기 | 기운 기 |

날씨가 추워져 기☐온이 떨어졌다.

4 향할 향

훈 향할 음 향

 → 仚 → 向 → 向

집의 문은 햇빛이 들어오는 남쪽을 창문은 북쪽을 향하는 모양. 뜻은 **향할**이고, **향**이라고 읽어요.

중국어
向 향하다
xiàng 씨앙

총 6획 ノ 丿 冂 向 向 向

부수 3획 口 입구
向

| 향할 향 | 향할 향 | 향할 향 | 향할 향 | 향할 향 | 향할 향 |

집으로 가는 방향☐은 학교 반대편이다.

5 모/방향 방

方

훈 모/방향 음 방

네모난 밭에 소가 밭을 갈 때 방향을 잡는 쟁기의 모양. 뜻은 모(방향)이고, 방이라고 읽어요.

중국어
方 네모지다, 방법
fāng 팡

총 4획 ` 一 亐 方

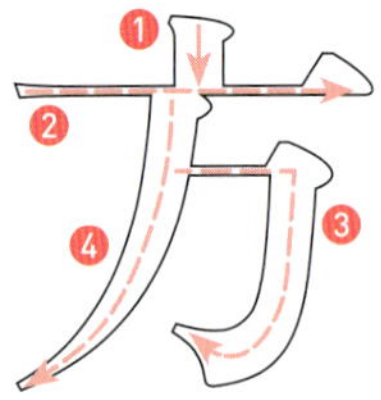

부수 4획 方 모 방
方

| 모/방향 방 | 모/방향 방 | 모/방향 방 | 모/방향 방 | 모/방향 방 | 모/방향 방 |

종소리가 사**방** □ 으로 울려 퍼졌다.

6 낮 오

午

훈 낮 음 오

'낮'을 뜻하는 글자로 절구의 모양.
뜻은 낮이고, 오라고 읽어요.

중국어
午 낮 오후
wǔ 우

총 4획 ノ 一 二 午

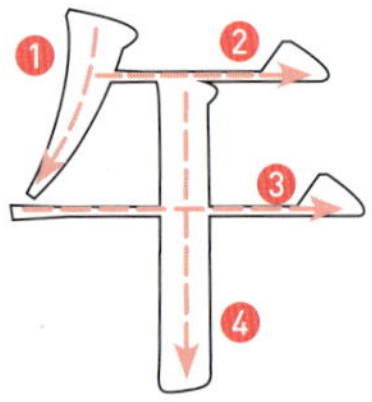

부수 2획 十 열 십
午

| 낮 오 | 낮 오 | 낮 오 | 낮 오 | 낮 오 | 낮 오 |

오 □ 후 3시에 피아노를 배워요.

7 아닐 불(부)

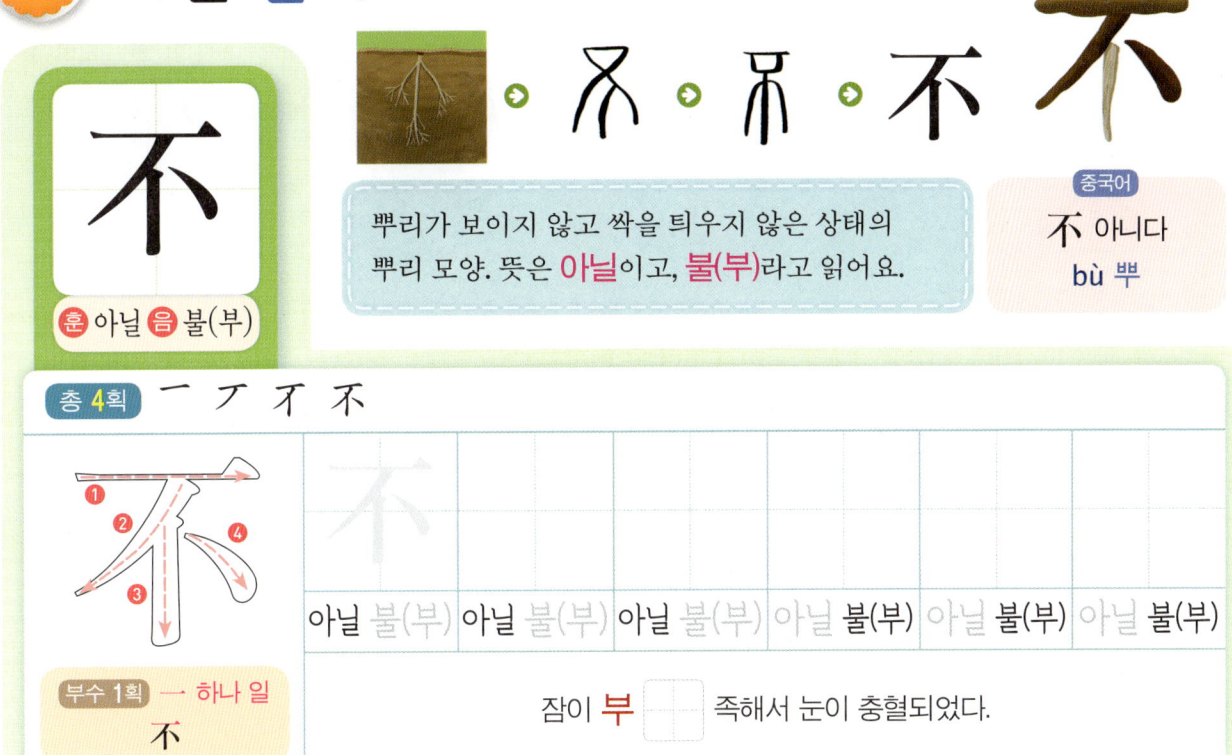

뿌리가 보이지 않고 싹을 틔우지 않은 상태의 뿌리 모양. 뜻은 **아닐**이고, **불(부)**라고 읽어요.

중국어
不 아니다
bù 뿌

훈 아닐 음 불(부)

총 4획 一 ア 不 不

부수 1획 一 하나 일
不

| 아닐 불(부) | 아닐 불(부) | 아닐 불(부) | 아닐 불(부) | 아닐 불(부) | 아닐 불(부) |

잠이 **부** ☐ 족해서 눈이 충혈되었다.

8 한가지 동

여러 사람의 말이 모두 한가지로 같다는 뜻으로 그릇과 입 모양을 그린 모습. 뜻은 **한가지**이고, **동**이라고 읽어요.

중국어
同 같다
tóng 퉁

훈 한가지 음 동

총 6획 丨 冂 冂 冋 同 同

부수 3획 口 입 구
同

| 한가지 동 | 한가지 동 | 한가지 동 | 한가지 동 | 한가지 동 | 한가지 동 |

우리들은 모두 **동** ☐ 갑입니다.

 **끝 말**

훈 끝 음 말

나무의 가지 끝을 나타내지만 나무에 한하지 않고 사물의 끝이란 뜻으로 뜻은 끝이고, 말이라고 읽어요.

중국어
末 끝
mò 모

총 5획 一 二 キ 末 末

부수 4획 木 나무 목
末

끝 말	끝 말	끝 말	끝 말	끝 말	끝 말

아버지는 월**말** ☐ 이라 퇴근이 늦으십니다.

 **때 시**

훈 때 음 시

옛날 해가 움직이는 것을 보고 일정한 때를 절이나 관청에서 종종 치던 것을 나타냄. 뜻은 때이고, 시라고 읽어요.

중국어
时 시간
shí 스

총 10획 丨 冂 日 日 日⁻ 日⁺ 旪 旪 時 時

부수 4획 日 날 일
時

때 시	때 시	때 시	때 시	때 시	때 시

시 ☐ 간이 빨리 지나간다.

32 신비한자 6급

뚝딱뚝딱 한자 써 보기

  앞에서 배운 한자를 써 보세요.

來 올 래(내)		來					
答 대답 답		答					
氣 기운 기		氣					
向 향할 향		向					
方 모/방향 방		方					
午 낮 오		午					
不 아닐 불(부)		不					
同 한가지 동		同					
末 끝 말		末					
時 때 시		時					

2단계

신나는 한자놀이

1. 화폭에 그린 그림에 알맞은 한자스티커를 붙여 보세요.

2. 다음 음(소리)에 알맞는 한자를 써 보세요.

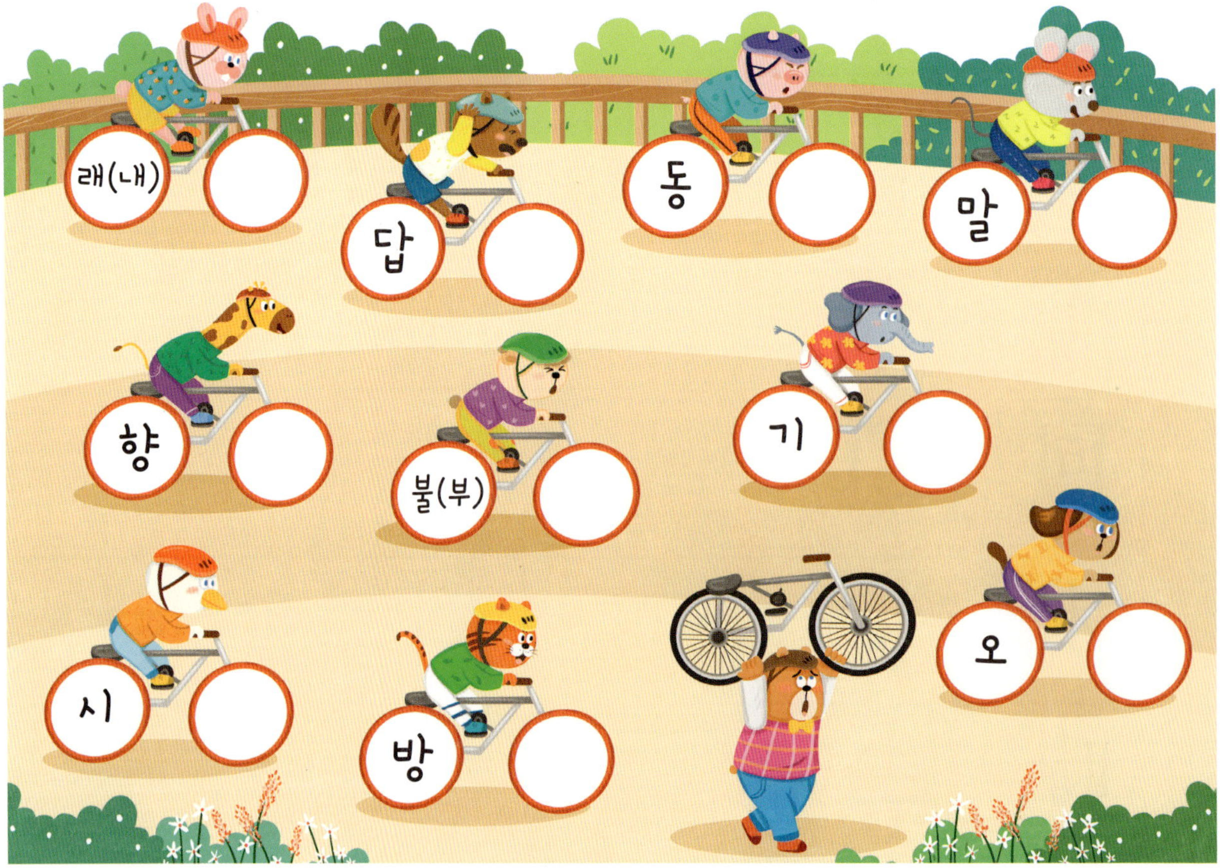

재미있는 한자익히기

1. 훈(뜻)과 알맞은 한자를 연결해 보세요.

2. 한자에 알맞은 음(소리)를 찾아 ○표시를 하세요.

쿵쿵따 리듬한자

 외국에서 들어온 보리 **올 래(내)** 來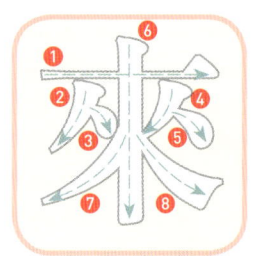

 대나무에 적은 답장 **대답 답** 答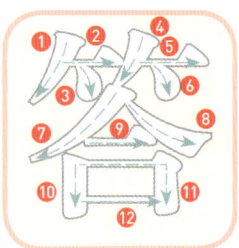

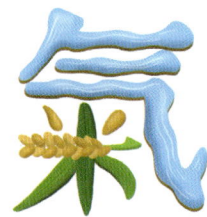 밥을 할 때 뜨거운 증기 **기운 기** 氣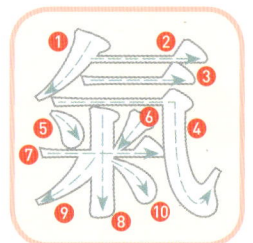

 대문 남쪽 창문 북쪽 **향할 향** 向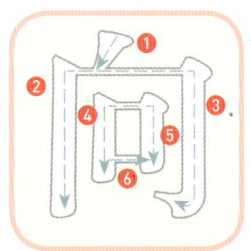

 밭을 갈 때 방향 잡는 **모 방** 方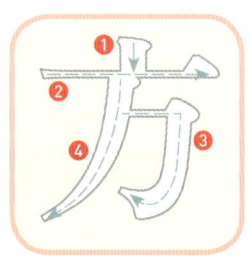

QR코드로 더 생생하게

 곡식 빻는 절구 모양 **낮 오** 午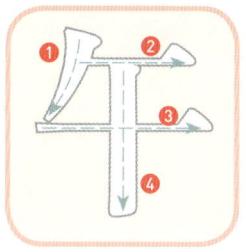

 싹이 안 튼 뿌리모양 **아닐 불(부)** 不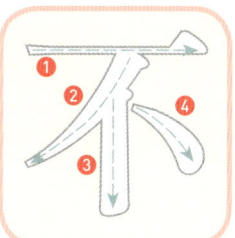

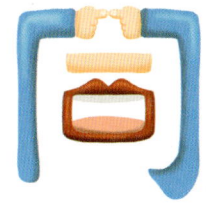 같은 뜻 같은 말 **한가지 동** 同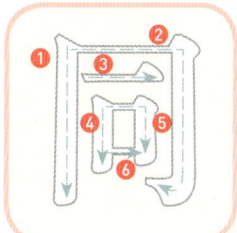

 나뭇가지 맨끝, **끝 말** 末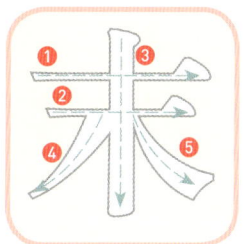

 해가 뜨면 종을 치던 **때 시** 時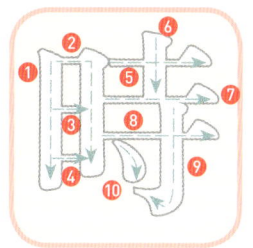

2단계 37

재미있는 한자이야기

人氣 인기

人 사람 인
氣 기운 기

어떤 대상에 쏠리는 사람들의 높은 관심이나 좋아하는 기운

末年 말년

末 끝 말
年 해 년(연)

일생의 마지막 무렵
어떤 시기의 마지막 무렵

| 인 | 기 | |

요즘은 짧은 머리가 **인기**이다.

| 말 | 년 | |

할머니는 친구들과 여행을 하며 **말년을** 보냈다.

同時 동시

同 한가지 동
時 때 시

같은 때, 같은 시간, 같은 시기

方正 방정

方 모 방
正 바를 정

네모지고 반듯함
행동이 바르고 점잖다

| 동 | 시 | |

나의 노래가 끝남과 **동시**에 박수가 이어졌다.

| 방 | 정 | |

품행이 **방정**하여 칭찬합니다.

向上 향상

向 향할 향
上 윗 상

기술이나 실력, 수준 등이 나아짐

方向 방향

方 모 방
向 향할 향

어떤 곳을 향하는 쪽
뜻하는 일, 현상 등이 나아가는 목표가 되는 쪽

한자 실력이 나날이 향상되어간다.

집 방향의 반대로 가다.

名答 명답

名 이름 명
答 대답 답

질문에 꼭 알맞은 답

四方八方 사방팔방

四 넉 사 / 方 모 방
八 여덟 팔 / 方 모 방

여기저기 모든 방향이나 방면

너의 말이 명답이야.

아끼던 물건을 잃어버려 사방팔방으로 찾아다녔다.

3단계

옛**古**날 어느 **마을里**에 오누이가 **살住**았어요.
일을 마친 엄마는 집으로 돌아오는 길에 호랑이를 만났어요.
"어흥! 떡 하나 주면 안 잡아 먹지."
엄마는 얼른 떡을 꺼내 호랑이한테 주었지만 호랑이는 떡을 받아먹고 엄마까지 잡아먹었어요.

"애들아~ 엄마가 잔칫집에 가서 일을 하고 **음식食**을 가져올 테니 집 잘 보고 있으렴."

그림 속의 숨은 한자 찾기

衣	古	巾	食	登	空	里	住	長	場
옷 의	옛 고	수건 건	먹을 식	오를 등	빌 공	마을 리	살 주	길 장	마당 장
									☐

호랑이는 엄마 옷衣을 입고 얼굴은 수건巾으로 가리고 오누이 집으로 찾아갔어요. 호랑이란걸 눈치챈 오누이는 숨을 공空간을 찾아 뒷문으로 나와 마당場에 있는 나무 위로 올라갔어요.

호랑이가 도끼로 찍고 나무 위로 따라 올라오자 오누이는 기도를 했어요.
"하나님 동아줄을 내려 주세요"
그러자 하늘에서 긴長 동아줄이 내려와 오누이는 하늘로 올라 갔어요.
호랑이에겐 썩은 동아줄이 내려와 줄이 끊어져서 땅에 떨어져 버렸어요.

1 옷 의

衣

훈 옷 음 의

옷을 입고 깃을 여민 모양. 뜻은 옷이고, 의라고 읽어요.

중국어
衣 옷
yī 이

총 6획 `、 一 ナ 衣 衣 衣`

옷의 옷의 옷의 옷의 옷의 옷의

부수 6획 衣 옷 의
衣

연극발표 의 상을 준비했다.

2 옛 고

古

훈 옛 음 고

입으로 전하여 십대가 지나도록 전해 내려오는 모습. 뜻은 옛이고, 고라고 읽어요.

중국어
古 옛, 예전
gǔ 구

총 5획 `一 十 十 古 古`

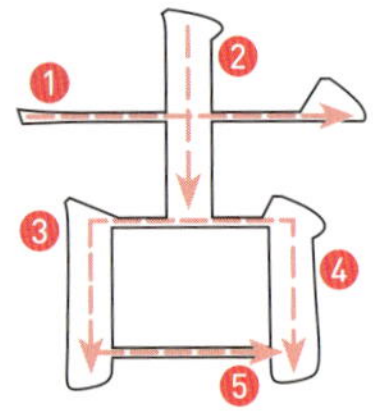

옛고 옛고 옛고 옛고 옛고 옛고

부수 3획 口 입 구
古

마을 입구에 있는 느티나무는 300년이 넘은 고 목입니다.

3 수건 건

巾
훈 수건 음 건

앞치마, 수건, 천 등이 걸려 있는 듯한 모양.
뜻은 수건이고, 건이라고 읽어요.

중국어
巾 수건
jīn 찐

총 3획 丨 冂 巾

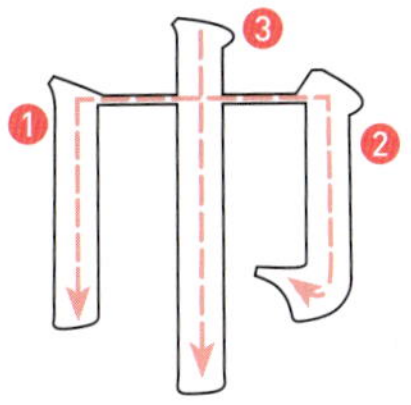

부수 3획 巾 수건 건
巾

| 수건 건 | 수건 건 | 수건 건 | 수건 건 | 수건 건 | 수건 건 |

눈병이 생겼을 때 수건 ☐ 을 같이 사용하면 안 돼요.

4 먹을 식

食
훈 먹을 음 식

음식을 그릇에 담고 뚜껑을 덮은 모습.
뜻은 먹을이고, 식이라고 읽어요.

중국어
食 먹다, 음식
shí 스

총 9획 丿 人 亽 亽 亽 亼 今 食 食 食

부수 9획 食 밥 식
食

| 먹을 식 | 먹을 식 | 먹을 식 | 먹을 식 | 먹을 식 | 먹을 식 |

식 ☐ 사를 한 후에 양치질을 해요.

5 오를 등

훈 오를 음 등

 登

제사에 사용될 음식이 담긴 그릇을 들고 위로 올라가는 모습을 나타냄. 뜻은 **오르다**이고, **등**이라고 읽어요.

중국어
登 오르다
dēng 떵

총 12획 フ ㇇ ㇇ ㇇ ㅆ ㅆ ㅆ 癶 癶 登 登 登

부수 5획 癶 필발머리
登

| 오를 등 | 오를 등 | 오를 등 | 오를 등 | 오를 등 | 오를 등 |

오빠는 아침 8시에 **등**□□ 교합니다.

6 빌/비울 공

훈 빌/비울 음 공

 空

도구로 땅을 파내 구멍을 만들어 보니 속이 비어 있는 것을 나타냄. 뜻은 **빌**이고, **공**이라고 읽어요.

중국어
空 비우다
kōng 콩

총 8획 ` ´ 宀 宀 宂 空 空 空

부수 5획 穴 구멍 혈
空

| 빌/비울 공 | 빌/비울 공 | 빌/비울 공 | 빌/비울 공 | 빌/비울 공 | 빌/비울 공 |

새 **공**□□ 책이 생겨 기분이 좋다.

7 마을 리

훈 마을 음 리

 → 里 → 里 → 里

밭과 흙이 있어 농사 지으며 사람이 살 수 있는 마을의 모습. 뜻은 **마을**이고, **리**라고 읽어요.

중국어
里 마을
lǐ 리

총 7획 ㅣ ㅁ ㄇ 日 旦 甲 里

부수 7획 里 마을 리
里

| 마을 리 | 마을 리 | 마을 리 | 마을 리 | 마을 리 | 마을 리 |

이 ☐ 장은 마을을 대표하여 일을 맡아보는 사람입니다.

8 살 주

훈 살 음 주

 → 住 → 住 → 住

사람이 불을 밝히고 머물러 살고 있는 것을 나타냄. 뜻은 **살**이고, **주**라고 읽어요.

중국어
住 살다
zhù 쥬

총 7획 ノ 亻 亻 亻 住 住 住

부수 2획 亻 사람인 변
住

| 살 주 | 살 주 | 살 주 | 살 주 | 살 주 | 살 주 |

우리 집 **주** ☐ 소를 기억하면 멀리서도 집을 찾아오기 쉽다.

9 길/어른 장

훈 길/어른 음 장

 머리카락과 수염이 긴 노인이 지팡이를 짚은 모양. 뜻은 길이고, 장이라 읽어요.

중국어
长 길다, 자라다
cháng 창

총 8획 丨 丨 丨 下 下 上 토 톤 튼 長

부수 8획 長 길 장
長

| 길/어른 장 | 길/어른 장 | 길/어른 장 | 길/어른 장 | 길/어른 장 | 길/어른 장 |

나는 우리 집의 장 □ 남입니다.

10 마당 장

훈 마당 음 장

햇볕이 잘 드는 땅으로 넓고 평평한 마당을 나타냄. 뜻은 마당이고, 장이라 읽어요.

중국어
场 마당, 장소
chǎng 창

총 12획 一 十 土 圵 圽 坍 坍 垾 場 場 場

부수 3획 土 흙 토
場

| 마당 장 | 마당 장 | 마당 장 | 마당 장 | 마당 장 | 마당 장 |

넓고 평평한 장 □ 소를 찾아 공놀이를 했어요.

뚝딱뚝딱 한자 써 보기

1. 앞에서 배운 한자를 써 보세요.

| 衣 옷 의 |
| 古 옛 고 |
| 巾 수건 건 |
| 食 먹을 식 |
| 登 오를 등 |
| 空 빌/비울 공 |
| 里 마을 리 |
| 住 살 주 |
| 長 길/어른 장 |
| 場 마당 장 |

3단계 47

1. 박물관의 한자액자에 사라진 부분을 그려 보세요.

2. 우리마을 지도를 보면서 알맞은 한자스티커를 붙여 보세요.

재미있는 한자익히기

1. 훈(뜻)과 알맞은 한자를 연결해 보세요.

2. 한자에 알맞은 음(소리)를 찾아 ○표시를 하세요.

쿵쿵따 리듬한자

 옷을 입고 깃을 여민 **옷** 의 衣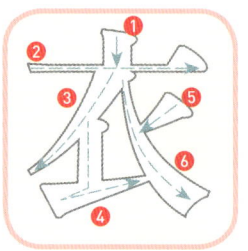

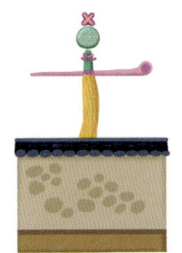 입으로 전해 오는 **옛** 고 古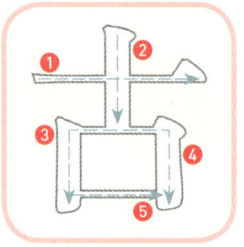

 걸려있는 수건 모양 **수건** 건 巾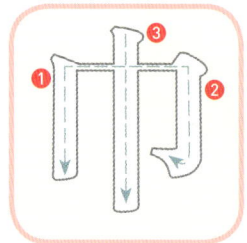

 뚜껑 속에 담긴 음식 **먹을** 식 食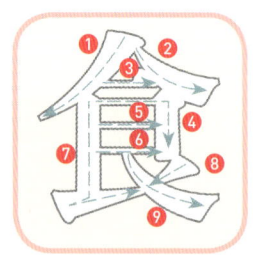

 위로 올라가는 모습 **오를** 등 登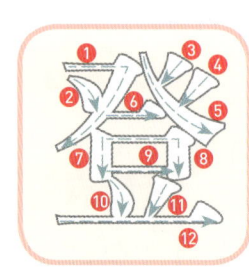

QR코드로 더 생생하게

 땅을 파니 구멍이 생겨 **빌 공** 空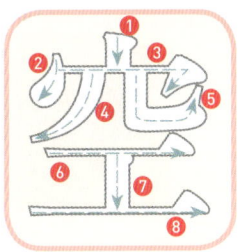

 밭과 흙에 농사 짓는 **마을 리** 里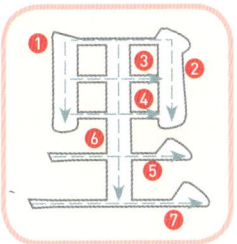

 불을 밝혀 사람 사는 **살 주** 住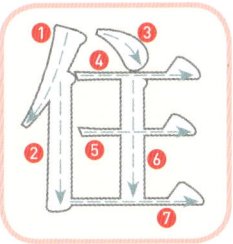

 길고 긴 머리카락 **길 장** 長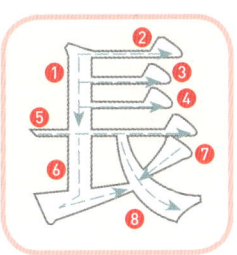

 햇볕 드는 넓은 땅은 **마당 장** 場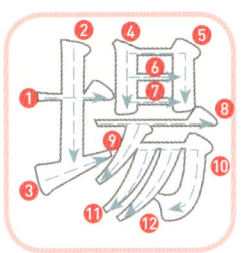

재미있는 한자이야기

中古 중고
- 中 가운데 중
- 古 옛 고

이미 사용하였거나 오래됨

空中 공중
- 空 빌 공
- 中 가운데 중

하늘과 땅 사이의 빈 곳

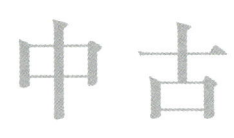

中古
중 고

새 자전거를 사지 않고 **중고**자전거를 샀다.

空中
공 중

새가 **공중**을 마음껏 날아다닌다.

登山 등산
- 登 오를 등
- 山 메 산

운동, 등산, 탐험 등 목적을 가지고 산에 오름

登場 등장
- 登 오를 등
- 場 마당 장

연극, 영화, 소설 등에서 인물이 나타남
새로운 제품 등이 세상에 처음으로 나옴

登山
등 산

등산을 하기 위해 신발 끈을 단단히 묶었다.

登場
등 장

백설공주 동화에는 일곱 난쟁이가 **등장**한다.

外食
외식

外 바깥 외
食 먹을 식

집에서 직접 해 먹지 않고, 밖에서 음식을 사 먹음

衣食住
의식주

衣 옷 의
食 먹을 식
住 살 주

옷, 음식, 집을 통틀어 이르는 말로 사람의 생활에 필요한 세 가지

外食	
외 식	

오늘은 가족들과 **외식**을 했다.

衣食住		
의 식 주		

어려운 친구들의 **의식주** 문제를 해결해야 한다.

上衣
상의

上 윗 상
衣 옷 의

위에 입는 옷, 윗옷

東西古今
동서고금

東 동녘 동 / 西 서녘 서
古 옛 고 / 今 이제 금

동양과 서양, 옛날과 지금을 통틀어 이르는 말

上衣	
상 의	

상의 주머니에 사탕 한 개를 넣어두었다.

東西古今			
동 서 고 금			

부모의 자식 사랑은 **동서고금**을 막론하고 똑같다.

"멋진 옷을 입은 기記념으로 백성民들 앞에서 거리 행진을 하시지요."

사실 임금님은 본本인만 옷이 안 보인다는 말을 할 수 없었어요. 임금님은 마차車를 타고 군軍사와 만萬세를 외치는 신하들과 함께 행진을 했어요. 백성들은 깜짝 놀랐지만 아무도 임금님이 벌거 벗었다고 말하지 못했어요.

"임금님이 벌거 벗었네."

1 근본 본

훈 근본 음 본

땅 밑에 뿌리가 나무의 가장 기본이 되는 근본이라는 뜻으로, 뜻은 근본이고, 본이라고 읽어요.

중국어
本 근본
běn 번

총 5획   一 十 才 木 本

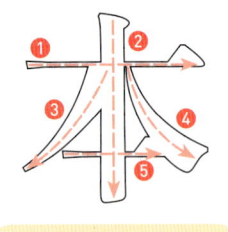

부수 4획 木 나무 목
本

근본 본	근본 본	근본 본	근본 본	근본 본	근본 본

어떤 가수는 자기의 본 ☐ 명이 아닌 다른 이름을 사용하기도 한다.

2 자리 위

훈 자리 음 위

사람이 서는 '자리'나 '위치'를 나타낸 모습. 뜻은 자리이고, 위라고 읽어요.

중국어
位 자리
wèi 웨이

총 7획 ノ イ 亻 亻 伫 位 位

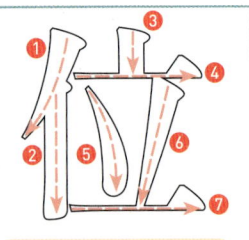

부수 2획 亻 사람인 변
位

자리 위	자리 위	자리 위	자리 위	자리 위	자리 위

독도는 우리나라의 동쪽 끝에 위 ☐ 치하고 있다.

3 수레 거(차)

옛날 수레의 옆 모양을 본뜬 모양.
뜻은 **수레**이고, **거**라고 읽어요.

중국어
车 차
chē 쳐

훈 수레 음 거(차)

총 7획 一 厂 厂 百 亘 車

부수 7획 車 수레 거
車

수레 거(차) | 수레 거(차) | 수레 거(차) | 수레 거(차) | 수레 거(차) | 수레 거(차)

버스가 완전히 멈춘 다음 차례로 하**차** ☐ 해요.

4 인간/대 세

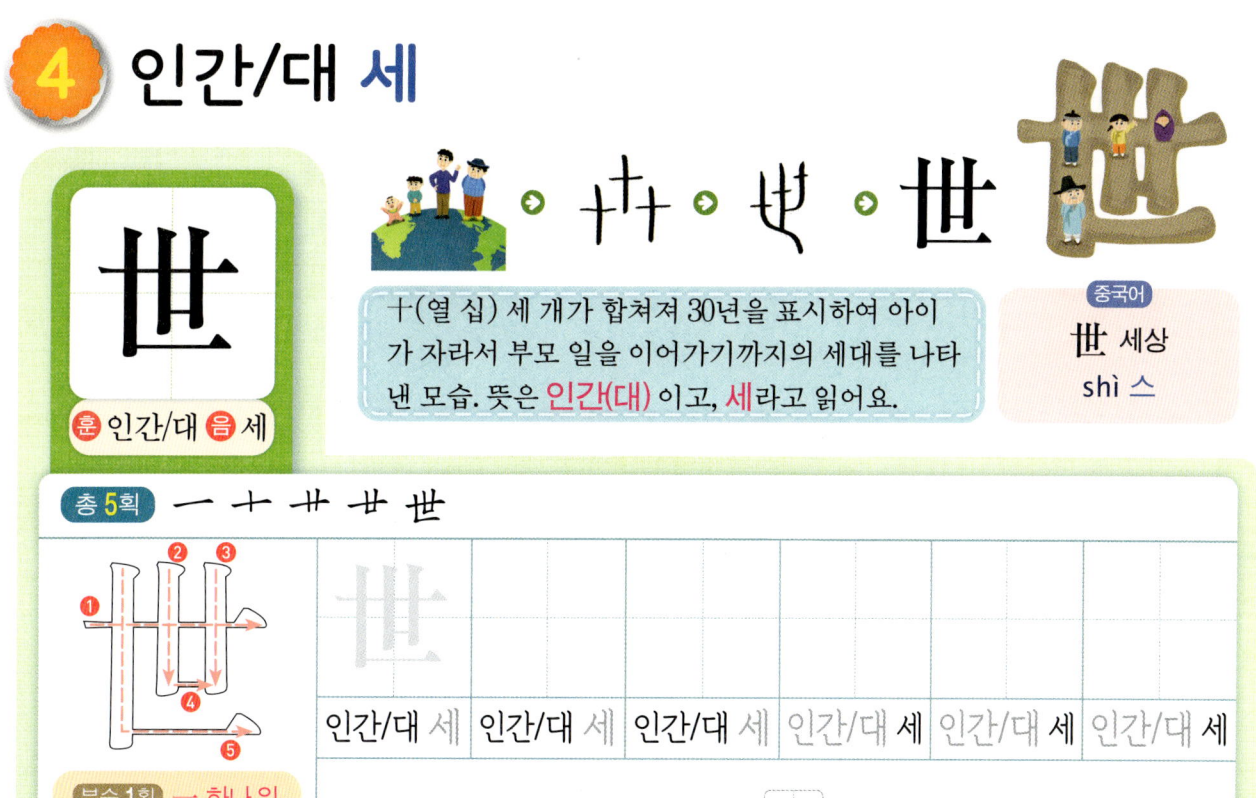

十(열 십) 세 개가 합쳐져 30년을 표시하여 아이가 자라서 부모 일을 이어가기까지의 세대를 나타낸 모습. 뜻은 **인간(대)** 이고, **세**라고 읽어요.

중국어
世 세상
shì 스

훈 인간/대 음 세

총 5획 一 十 卅 卋 世

부수 1획 一 하나 일
世

인간/대 세 | 인간/대 세 | 인간/대 세 | 인간/대 세 | 인간/대 세 | 인간/대 세

동생이 드디어 **세** ☐ 상에 태어났다.

5 나라 국

 무기로 국민과 국토를 지키는 모습.
뜻은 나라이고, 국이라고 읽어요.

중국어
国 나라
guó 궈

총 11획 丨 冂 冂 冃 冋 冋 匡 国 國 國 國

부수 3획 囗 큰 입구 몸
或

| 나라 국 | 나라 국 | 나라 국 | 나라 국 | 나라 국 | 나라 국 |

태극기는 우리나라의 국 ☐ 기 입니다.

6 백성 민

 본래의 뜻은 전쟁에 잡힌 포로나 노예를 가리켰으나 후에 백성의 뜻으로 바뀜. 뜻은 백성이고, 민이라고 읽어요.

중국어
民 백성
mín 민

총 5획 ᄀ ᄀ 尸 尸 民

부수 4획 氏 각시 씨
民

| 백성 민 | 백성 민 | 백성 민 | 백성 민 | 백성 민 | 백성 민 |

국민 ☐ 들 모두 한 마음으로 힘을 모았습니다.

7 군사 군

軍
훈 군사 음 군

전차의 주위를 둘러싸고 있는 군사 모습.
뜻은 군사이고, 군이라고 읽어요.

중국어
军 군사
jūn 쥔

총 9획 ' ㄇ ㄇ ㄇ 尸 冝 冝 冝 軍

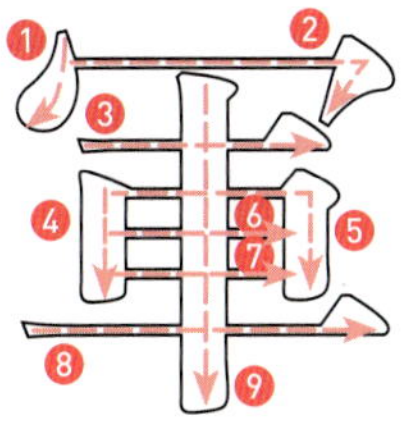

부수 7획 車 수레 거
軍

| 군사 군 | 군사 군 | 군사 군 | 군사 군 | 군사 군 | 군사 군 |

군☐인들이 손발을 착착 맞춰 행진을 한다.

8 낯 면

面
훈 낯 음 면

사람의 얼굴을 본뜬 모양.
뜻은 낯이고, 면이라 읽어요.

중국어
面 쪽
miàn 미엔

총 9획 ー ア丁 丙 而 而 面 面

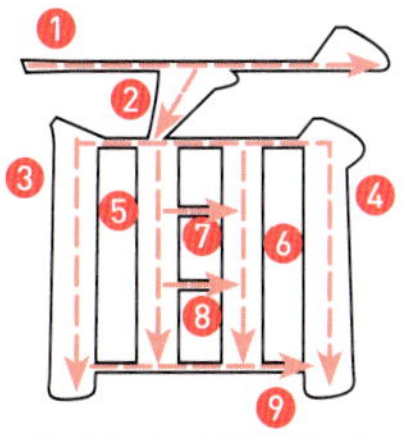

부수 9획 面 낯 면
面

| 낯 면 | 낯 면 | 낯 면 | 낯 면 | 낯 면 | 낯 면 |

학교 정문 앞 정면☐에는 맛있는 떡볶이 가게가 있습니다.

4단계

9 기록할 기

훈 기록할 **음** 기

記 ▶ 記 ▶ 記

말을 글로 기록하는 것을 나타냄.
뜻은 **기록할**이고, **기**라고 읽어요.

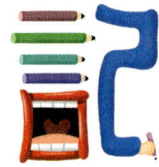

중국어
记 기록하다
jì 지

총 10획 ` ᆞ ᅳ ᅴ 言 言 言 訂 記 記

부수 7획 言 말씀 언
記

記					
기록할 기	기록할 기	기록할 기	기록할 기	기록할 기	기록할 기

오늘 친구들과 즐거웠던 일들을 일**기** ☐ 에 썼다.

10 일만 만

훈 일만 **음** 만

 萬

다리가 많은 전갈의 모양을 본뜬 모양.
뜻은 **일만**이고, **만**이라고 읽어요.

중국어
万 만
wàn 완

총 13획 ` ᆞ ᅮ ᅲ 艹 艹 芢 苩 芦 莒 萬 萬 萬

부수 4획 ⺿ 초두머리
萬

萬					
일만 만	일만 만	일만 만	일만 만	일만 만	일만 만

할아버지께서 용돈으로 **만** ☐ 원을 주셨습니다.

뚝딱뚝딱 한자써보기

1. 앞에서 배운 한자를 써 보세요.

| 本 근본 본 |
| 位 자리 위 |
| 車 수레 거(차) |
| 世 인간/대 세 |
| 國 나라 국 |
| 民 백성 민 |
| 軍 군사 군 |
| 面 낯 면 |
| 記 기록할 기 |
| 萬 일만 만 |

4단계

신나는 한자놀이

1 책 속에 숨어 있는 힌트 한자의 간자체를 찾아 모두 ○표시를 하세요.

힌트 國 萬 記 軍 車

國萬面　軍面国
民世车　记車世
万本記　位军國

2 한자의 음(소리)에 알맞는 스티커를 붙여 보세요.

본　위　세

민　면

재미있는 한자 익히기

1. 훈(뜻)과 알맞은 한자를 연결해 보세요.

2. 한자에 알맞은 음(소리)를 찾아 ○표시를 하세요.

쿵쿵따 리듬한자

 땅 밑에 나무 뿌리 **근본 본** 本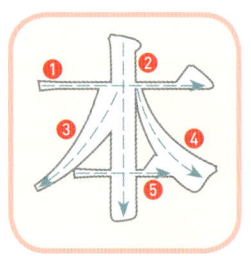

 사람이 서는 자리 **자리 위** 位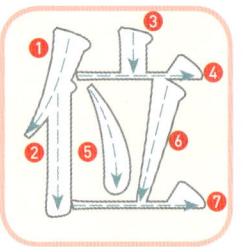

 수레바퀴 모양을 닮은 **수레 거(차)**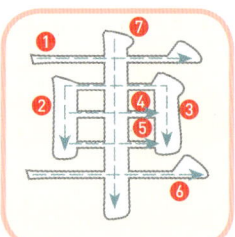

 열 십을 세 개 그려 **인간 세** 世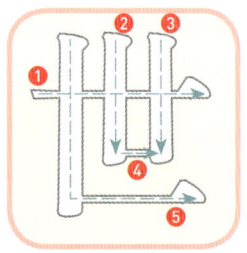

 무기로 나라 지켜 **나라 국** 國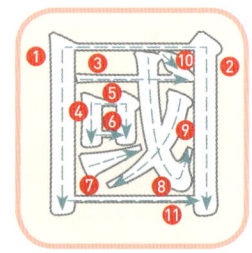

QR코드로 더 생생하게

 옛날의 일반 평민 백성 **민** 民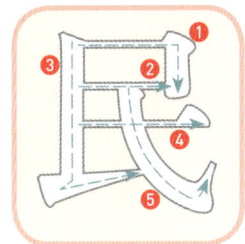

 전차 주위로 둘러싸인 군사 **군** 軍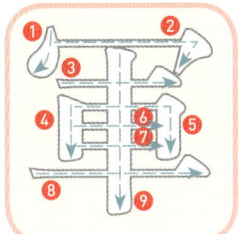

 사람의 얼굴 모양 낯 **면** 面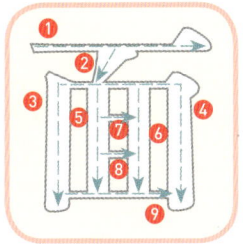

 말을 듣고 기록하는 기록할 **기** 記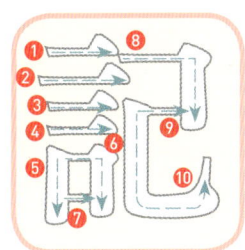

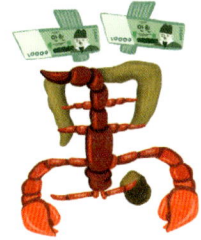 전갈모양 따라 그린 일만 **만** 萬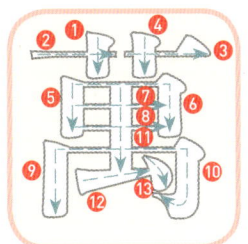

재미있는 한자이야기

人力車
인력거

- 人 사람 인
- 力 힘 력(역)
- 車 수레 거(차)

사람이 끄는, 두 개의 큰 바퀴가 달린 수레

外國
외국

- 外 바깥 외
- 國 나라 국

자기 나라가 아닌 다른 나라

人力車
인 력 거

관광지에서 **인력거**를 탔습니다.

外國
외 국

우리 형은 **외국**에서 학교를 다녀요.

日記
일기

- 日 날 일
- 記 기록할 기

그 날 있었던 일이나 느낌을 적는 개인의 글

國民
국민

- 國 나라 국
- 民 백성 민

국가를 구성하는 사람

日記
일 기

매일 **일기**를 쓰고 잠을 자요.

國民
국 민

다른 나라와 축구시합에 온 **국민**이 응원해요.

住民
주민
住 살 주
民 백성 민

일정한 지역에 살고 있는 사람

場面
장면
場 마당 장
面 낯 면

어떤 장소에 겉으로 드러난 면이나 벌어진 광경

住民
주 민

주민들은 쓰레기 분리수거를 잘 합니다.

場面
장 면

영화의 마지막 장면이 기억이 남았다.

軍人
군인
軍 군사 군
人 사람 인

군대에서 복무하는 사람

世上
세상
世 인간/대 세
上 윗 상

사람이 살고 있는 모든 사회를 통틀어 이르는 말

軍人
군 인

아빠의 직업은 군인입니다.

世上
세 상

너의 꿈을 온 세상에 펼쳐라.

동물친구들은 잡초草를 뽑는 일事부터 빵을 굽는 일까지 모두 불평平과 핑계만 대고 돕지 않았어요. 하지만 빵이 다 완성되자 배고픈 동물들은 한걸음에 달려왔어요.

"아니 너희들에게 나눠分 줄 수 없어, 아무도 나를 돕지 않았잖아."

그제서야 동물들은 자신들의 행동에 반성을 했어요. 빨간 암탉은 동물들에게 빵을 나눠 주고 앞으로는 농장 일事을 함께 하기로 약속했답니다.

1 물을 문

훈 물을 음 문

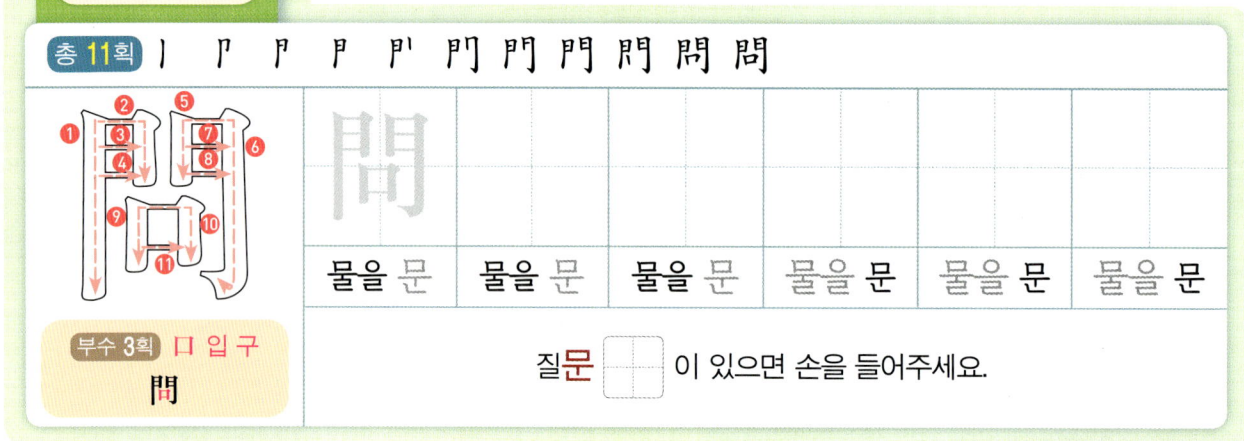

문 앞에서 입으로 소리 내어 물어보는 모습.
뜻은 물을이고, 문이라고 읽어요.

중국어
问 묻다
wèn 원

총 11획 丨 冂 冂 冂 冂 門 門 門 門 問 問

| 물을 문 | 물을 문 | 물을 문 | 물을 문 | 물을 문 | 물을 문 |

부수 3획 口 입 구
問

질문 ☐ 이 있으면 손을 들어주세요.

2 나눌 분

훈 나눌 음 분

칼로 사물을 반으로 갈린 모습을 그린 모습.
뜻은 나눌이고, 분이라고 읽어요.

중국어
分 나누다
fēn 펀

총 4획 丿 八 分 分

| 나눌 분 | 나눌 분 | 나눌 분 | 나눌 분 | 나눌 분 | 나눌 분 |

부수 2획 刀 칼 도
分

오늘은 수학에서 분 ☐ 수를 배웠다.

3 풀 초

훈 풀 음 초

이른 봄에 돋아나는 풀을 나타냄.
뜻은 풀이고, 초라고 읽어요.

중국어
草 풀
cǎo 차오

총 10획 ` 一 十 艹 艹 艹 艹 苎 苩 草 草`

부수 4획 ++ 초두머리
草

풀 초　풀 초　풀 초　풀 초　풀 초　풀 초

우리 집은 화**초** ☐ 를 기르고 있어요.

4 평평할 평

훈 평평할 음 평

물 위에 뜬 물풀이 평평한 모양.
뜻은 평평할이고, 평이라고 읽어요.

중국어
平 평평하다
píng 핑

총 5획 ` 一 一 ㇏ 二 平`

평평할 평　평평할 평　평평할 평　평평할 평　평평할 평　평평할 평

부수 3획 干 방패 간
平

할머니는 **평** ☐ 생 동안 많은 화초를 키우셨어요.

5단계 71

5 저자 시

훈 저자 **음** 시

옷을 차려 입고 장보러 가는 모습.
뜻은 저자(시장)이고, 시라고 읽어요.

중국어
市 시장
shì 스

총 5획 ` 亠 亍 市 市

부수 3획 巾 수건 건
市

| 저자 시 | 저자 시 | 저자 시 | 저자 시 | 저자 시 | 저자 시 |

할머니 집은 시 ☐ 내에서 멀어요.

6 골 동

훈 골 **음** 동

물 주변에 마을이 생기고 사람과 물이 같이 사는 것을 나타냄. 뜻은 골(고을)이고, 동이라 읽어요.

중국어
洞 고을
dòng 똥

총 9획 ` ` ` 氵 汀 汩 洞 洞 洞

부수 3획 氵 삼수변
洞

| 골 동 | 골 동 | 골 동 | 골 동 | 골 동 | 골 동 |

동 ☐ 구 밖 냇가에서 물고기를 잡아요.

7 일 사

事
훈 일 음 사

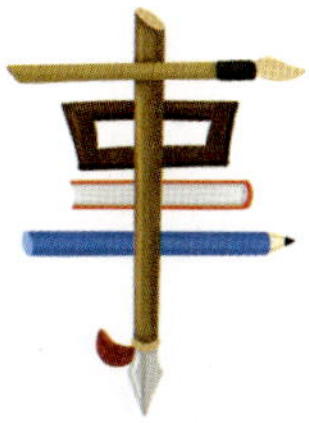

깃발을 단 깃대를 손으로 세우고 있는 모양.
뜻은 일이고, 사라고 읽어요.

중국어
事 일, 사건
shì 스

총 8획　一 ー 一 ロ ロ 三 写 写 事

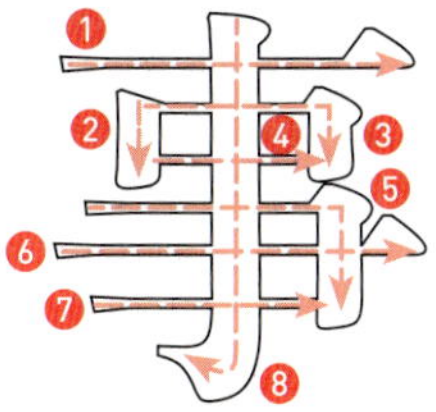

부수 1획 ㅣ 갈고리 궐
事

| 일사 | 일사 | 일사 | 일사 | 일사 | 일사 |

경찰이 사☐건을 조사하고 있습니다.

8 앞 전

前
훈 앞 음 전

밧줄을 칼로 끊고 배가 앞으로 나아가는 모습을
나타냄. 뜻은 앞이고, 전이라고 읽어요.

중국어
前 앞
qiǎn 치엔

총 9획　丶 ソ ソ 广 并 并 前 前 前

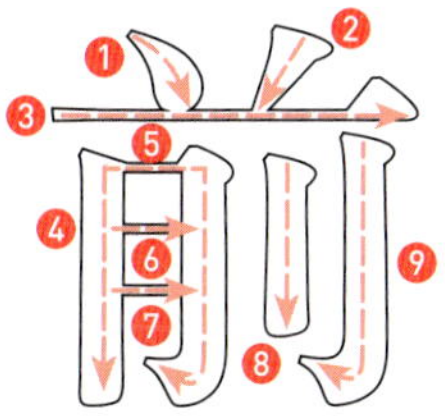

부수 2획 刂 선칼도 방
前

| 앞전 | 앞전 | 앞전 | 앞전 | 앞전 | 앞전 |

산불은 사전☐ 예방이 무엇보다 중요하다.

5단계

9 뒤/임금 후

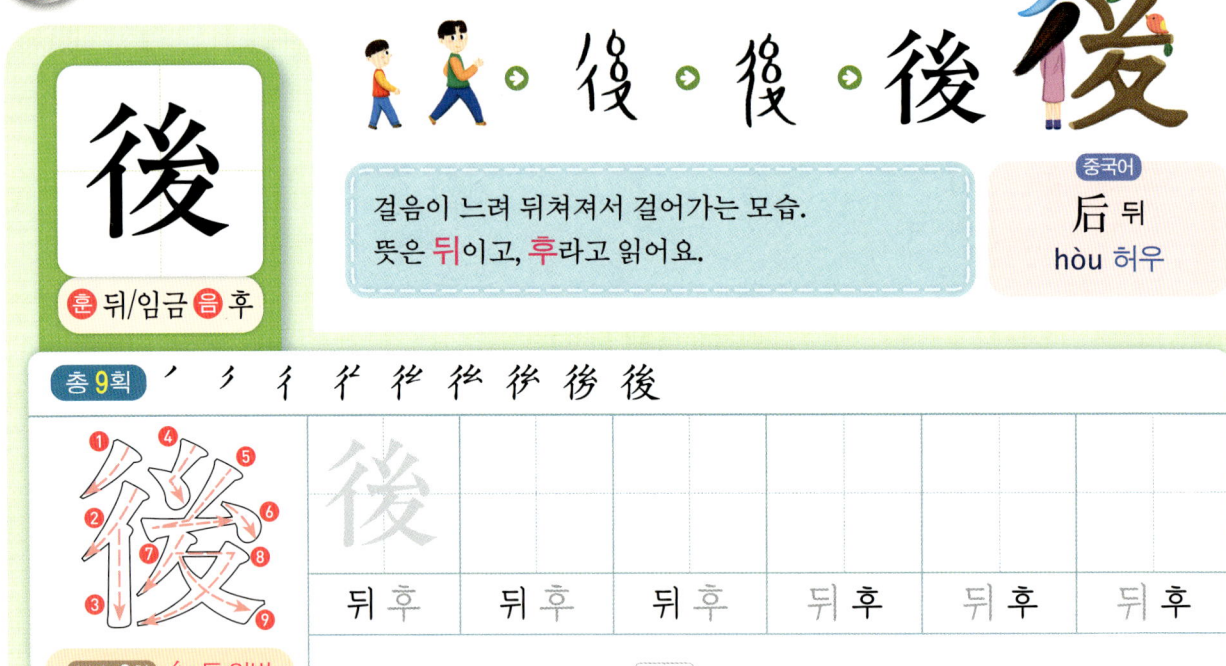

걸음이 느려 뒤쳐져서 걸어가는 모습.
뜻은 뒤이고, 후라고 읽어요.

중국어
后 뒤
hòu 허우

훈 뒤/임금 음 후

총 9획 ノ ク 彳 彳 彳 彳 栓 栓 後

부수 3획 彳 두인변
後

뒤 후 | 뒤 후 | 뒤 후 | 뒤 후 | 뒤 후 | 뒤 후

식후 [ ] 30분 뒤에 약을 먹어요.

10 심을 식

나무를 곧게 세워 심는다는 뜻을 나타냄.
뜻은 심을이고, 식이라고 읽어요.

중국어
植 심다
zhí 즈

훈 심을 음 식

총 12획 一 十 才 木 木 朴 栝 桔 桔 植 植 植

부수 4획 木 나무목
植

심을 식 | 심을 식 | 심을 식 | 심을 식 | 심을 식 | 심을 식

4월 5일은 식 [ ] 목일입니다.

뚝딱뚝딱 한자 써 보기

1. 앞에서 배운 한자를 써 보세요.

問 물을 문	問	問						
分 나눌 분	分	分						
草 풀 초	草	草						
平 평평할 평	平	平						
市 저자 시	市	市						
洞 골 동	洞	洞						
事 일 사	事	事						
前 앞 전	前	前						
後 뒤/임금 후	後	後						
植 심을 식	植	植						

신나는 한자놀이

1. 힌트 한자 속 부수를 보고 마녀의 스프에 들어간 재료를 찾아 ○표시를 하세요.

2. 폭탄이 터지지 않도록 폭탄 위에 한자스티커를 붙여 보세요.

재미있는 한자익히기

1. 훈(뜻)과 알맞은 한자를 연결해 보세요.

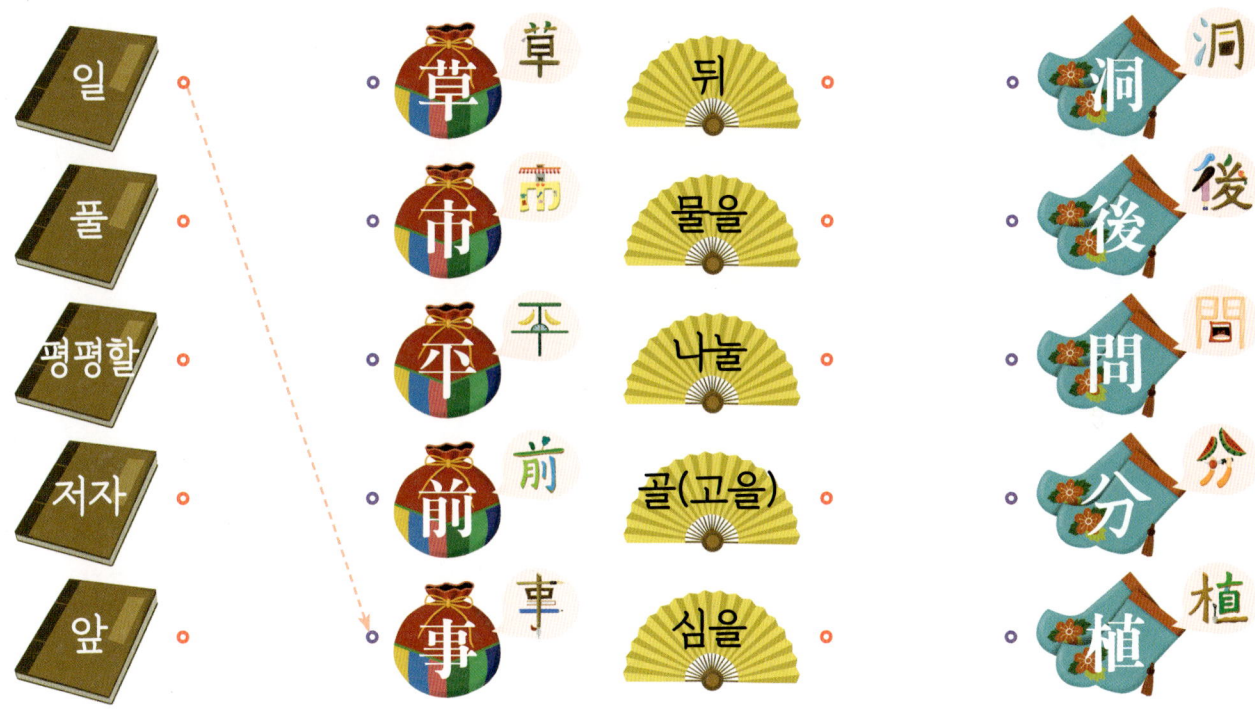

2. 한자에 알맞은 음(소리)를 찾아 ○표시를 하세요.

쿵쿵따 리듬한자

 입을 열고 물어보는 물을 **문**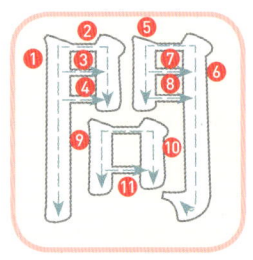

 반씩 반씩 나눠 나눠 **나눌 분**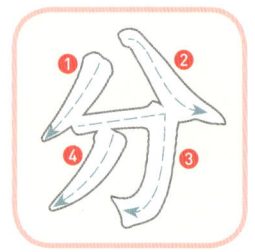

 이른 아침 돋아나는 풀 **초**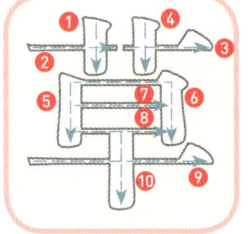

 평평한 모양 **평평할 평**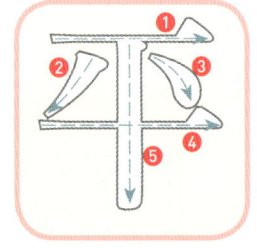

 사람들이 모여드는 **저자 시**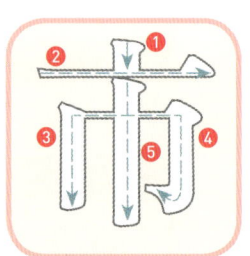

물 옆에 마을이 있는 골 **동**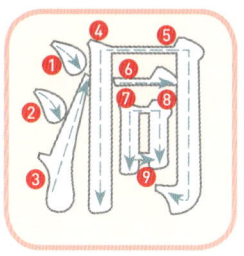

손을 뻗어 일을 하는 일 **사**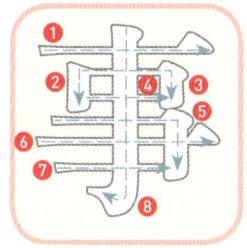

앞으로 나아가는 앞 **전**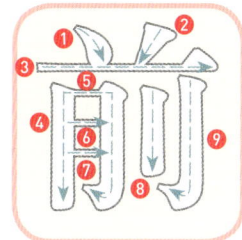

뒤에서 따라가는 뒤 **후**

나무를 땅에 심는 심을 **식**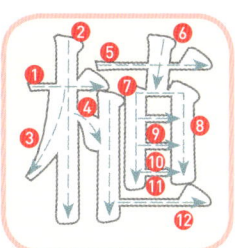

재미있는 한자이야기

記事 기사

記 기록할 기
事 일 사

신문이나 잡지 따위에서 어떠한 사실을 알리는 글

每事 매사

每 매양 매
事 일 사

하나 하나의 일마다

記事
기　사

우리 학교에 관한 **기사**가 실렸다.

每事
매　사

나는 **매사**에 최선을 다하려 한다.

食後 식후

食 먹을 식
後 뒤 후

밥을 먹은 뒤

市民 시민

市 저자 시
民 백성 민

그 시에 사는 사람 정치에 참여할 권리를 가진 사람

食後
식　후

고모는 항상 **식후**에 커피를 마신다.

市民
시　민

공원 산책로에서 **시민**들이 산책을 즐기고 있다.

草木
초목
草 풀 초
木 나무 목

풀과 나무를 아울러 이르는 말

水平
수평
水 물 수
平 평평할 평

기울지 않고 평평한 상태

草木
초 목

봄이 되면 온갖 **초목**에 싹이 튼다.

水平
수 평

체육시간에 양팔을 **수평**이 되게 쭉 뻗었다.

前後左右
전후좌우
前 앞 전 / 後 뒤 후
左 왼 좌 / 右 오른 우

앞과 뒤, 왼쪽과 오른쪽.
곧, 사방(四方)을 이른다

東問西答
동문서답
東 동녘 동 / 問 물을 문
西 서녘 서 / 答 대답 답

물음과는 전혀 상관없는 엉뚱한 대답

前後左右
전 후 좌 우

군사들은 **전후좌우**로 왕을 호위하며 길을 떠났다.

東問西答
동 문 서 답

누나의 질문에 동생은 **동문서답**을 하였다.

5단계

6단계

배고픈 할아버지가 밥을 얻어 먹으려고 부자영감 집家을 찾아갔어요. 하지만 욕심 많은 부자영감은 할아버지를 쫓아 냈어요.

이때 길道을 지나가던 착한 농農부가 할아버지를 자기 집에 모시고 가서 죽을 끓이고 정성을 다해 편안安하시도록 돌봐드렸어요.

그림 속의 숨은 한자 찾기

海	家	道	農	祖	物	安	全	有	好
바다 해	집 가	길 도	농사 농	조상 조	물건 물	편안 안	온전할 전	있을 유	좋을 호

1 바다 해

 →

언제나 물이 마르지 않는 바다의 모습을 나타냄. 뜻은 **바다**이고, **해**라고 읽어요.

중국어
海 바다
hǎi 하이

훈 바다 음 해

총 10획 ` ` ⺡ ⺡ 汇 汇 海 海 海 海

| 바다 해 | 바다 해 | 바다 해 | 바다 해 | 바다 해 | 바다 해 |

부수 3획 ⺡ 삼수 변
海

작은 아빠는 해 ☐ 외로 출장을 가셨다.

2 집 가

 →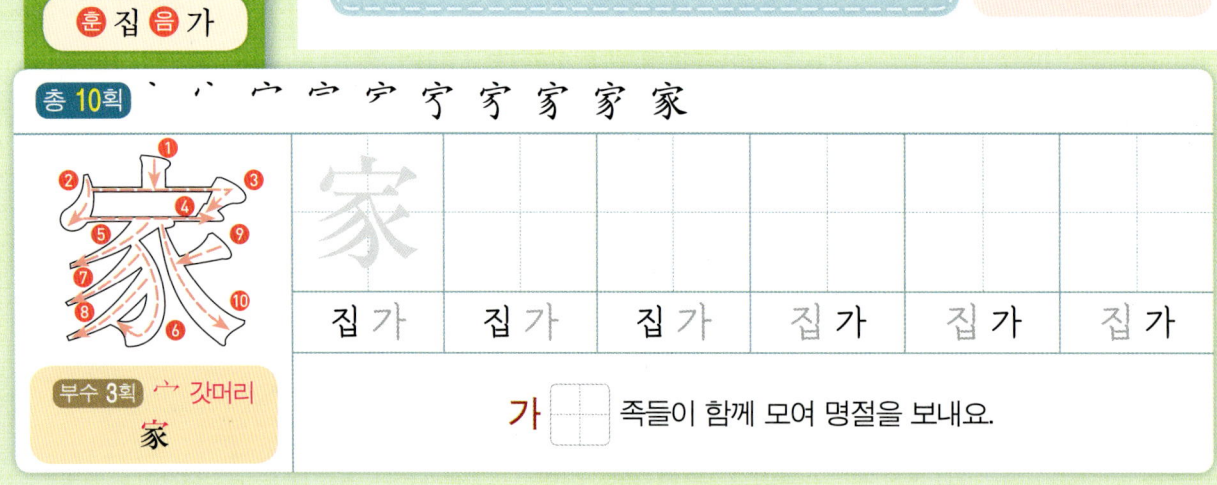

옛날 중국에서 집마다 집안에서 돼지를 키우던 모습. 뜻은 **집**이고, **가**라고 읽어요.

중국어
家 집
jiā 찌아

훈 집 음 가

총 10획 ` ` 宀 宀 宀 㝉 豕 豕 家 家

| 집 가 | 집 가 | 집 가 | 집 가 | 집 가 | 집 가 |

부수 3획 宀 갓머리
家

가 ☐ 족들이 함께 모여 명절을 보내요.

3 길 도

훈 길 음 도

사람이 가야 할 올바른 바른길, 사람이 길로 걸어 나아가는 모습. 뜻은 길이고, 도라고 읽어요.

중국어
道 길
dào 따오

총 13획 `丶 丷 亠 丷 䒑 丷 首 首 首 道 道 道`

부수 3획 辶 책받침
道

길 도 | 길 도 | 길 도 | 길 도 | 길 도 | 길 도

우리를 사랑해주시는 부모님께 효<u>도</u> ☐ 합시다.

4 농사 농

훈 농사 음 농

별이 보이는 새벽부터 밭일을 하는 농부의 모습. 뜻은 농사이고, 농이라 읽어요.

중국어
农 농사
nóng 농

총 13획 `丨 冂 冃 曲 曲 曲 芇 芇 芇 農 農 農`

부수 7획 辰 별진
農

농사 농 | 농사 농 | 농사 농 | 농사 농 | 농사 농 | 농사 농

이번 태풍으로 인해서 농 ☐ 가의 타격이 크다.

6단계 85

5 조상 조

훈 조상 음 조

조상에게 제사 지내는 사당에 위패와 제기가 놓여 있는 모양을 나타냄. 뜻은 조상이고, 조라고 읽어요.

중국어
祖 조상, 할아버지
zǔ 주

총 10획 ㇐ ㇐ ㇒ ㇒ ㇒ 礻 礻 祖 祖 祖

부수 5획 礻 보일시 변
祖

조상 조	조상 조	조상 조	조상 조	조상 조	조상 조

우리 선조 □ 들은 지혜롭고 슬기로워요.

6 물건 물

훈 물건 음 물

소는 농가의 중요한 물건이라는 것을 나타냄. 뜻은 물건이고, 물이라 읽어요.

중국어
物 물건
wù 우

총 8획 ㇒ ㇒ ㇒ 牛 牜 牝 物 物

부수 4획 牛 소우
物

물건 물	물건 물	물건 물	물건 물	물건 물	물건 물

여름에는 음식물 □ 보관에 주의해야 한다.

7 편안 안

훈 편안 음 안

편안한 뜻으로 집안에 여자가 있는 모습.
뜻은 **편안**이고, **안**이라 읽어요.

중국어
安 편안하다
ān 안

총 6획 丶 丷 宀 宊 安 安

부수 3획 宀 갓머리
安

편안 안	편안 안	편안 안	편안 안	편안 안	편안 안

집에 편**안** ☐ 하게 누워 책을 읽어요.

8 온전할 전

훈 온전할 음 전

홈이 없는 온전한 옥구슬을 잘 들어가게 꿴 완전한 모습. 뜻은 **온전할**이고, **전**이라 읽어요.

중국어
全 전부
quán 취엔

총 6획 丿 人 𠆢 仌 全 全

부수 2획 人 들 입
全

온전할 전	온전할 전	온전할 전	온전할 전	온전할 전	온전할 전

횡단보도를 건널 때에는 좌우를 살핀 다음, 안**전** ☐ 하게 건너야 해요.

 있을 유

훈 있을 음 유

예전에 귀한 고기를 손에 들고 있는 모습.
뜻은 있을이고, 유라고 읽어요.

중국어
有 있다
yǒu 요우

총 6획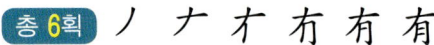

부수 4획 月 달 월
有

| 있을 유 | 있을 유 | 있을 유 | 있을 유 | 있을 유 | 있을 유 |

제주도는 세계적으로 유☐명한 관광지이다.

 좋을 호

훈 좋을 음 호

엄마가 아이를 지긋이 바라보는 모습.
뜻은 좋을이고, 호라고 읽어요.

중국어
好 좋다
hǎo 하오

총 6획 ㄑ ㄨ 女 女́ 好́ 好

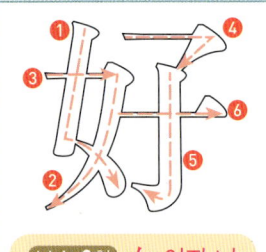

부수 3획 女 여자 녀
好

| 좋을 호 | 좋을 호 | 좋을 호 | 좋을 호 | 좋을 호 | 좋을 호 |

아이들이 마술사를 호☐기심 어린 눈으로 쳐다보았다.

뚝딱뚝딱 한자 써 보기

1 앞에서 배운 한자를 써 보세요.

海 바다 해	海	海						
家 집 가	家	家						
道 길 도	道	道						
農 농사 농	農	農						
祖 조상 조	祖	祖						
物 물건 물	物	物						
安 편안 안	安	安						
全 온전할 전	全	全						
有 있을 유	有	有						
好 좋을 호		好						

신나는 한자놀이

1. 나뭇가지에 써 있는 음(소리)에 맞는 훈(뜻) 스티커를 붙여 보세요.

2. 다음 그림 지도를 보고 어울리는 위치에 보기에 알맞은 한자를 찾아 쓰세요.

재미있는 한자익히기

1. 훈(뜻)과 알맞은 한자를 연결해 보세요.

2. 한자에 알맞은 음(소리)를 찾아 ○표시를 하세요.

쿵쿵따 리듬한자

 물이 마르지 않는 **바다 해**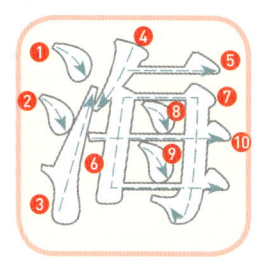

 집안에서 돼지를 키우던 **집 가**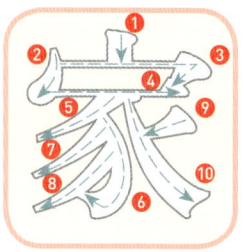

 바른길 걸어가는 **길 도**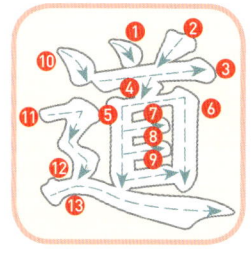

 새벽부터 밭일하는 **농사 농**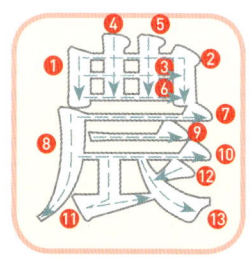

 할아버지 위로 위로 **조상 조**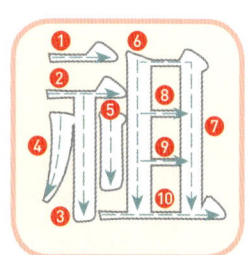

QR코드로 더 생생하게

 농가에서 귀했던 소 물건 **물** 物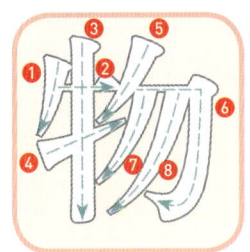

 집안에서 편안하게 편안 **안** 安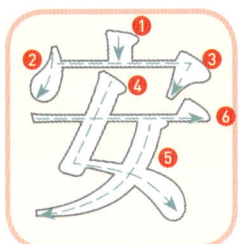

 흠 없이 완전한 옥구슬 온전할 **전** 全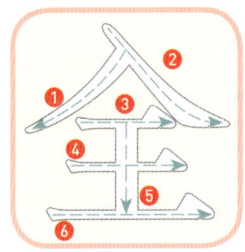

 손에 들고 있는 고기 있을 **유** 有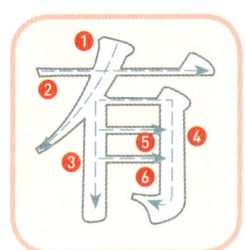

 아기를 바라보며 좋을 **호** 好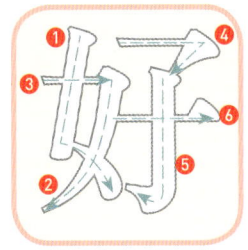

재미있는 한자이야기

家門 가문
家 집 가
門 문 문

집안과 문중 대대로 내려오는 그 집안의 신분

家門
가   문

그는 김씨 가문의 자손이다.

農家 농가
農 농사 농
家 집 가

농사를 본업으로 하는 사람의 집 또는 그런 가정

農家
농   가

우리마을은 소를 키우는 농가가 많다.

問安 문안
問 물을 문
安 편안 안

웃어른께 안부를 여쭙는 그런 인사

問安
문   안

아침저녁으로 부모님께 문안 인사를 드린다.

家長 가장
家 집 가
長 길/어른 장

한 가정을 이끌어 나가는 사람

家長
가   장

소년 소녀 가장 돕기 바자회를 열었다.

先祖
선조

先 먼저 선
祖 조상 조

먼 윗대의 조상

好衣好食
호의호식

好 좋을 호 / 衣 옷 의
好 좋을 호 / 食 먹을 식

좋은 옷을 입고 좋은 음식을 먹음

先祖
선조

이 부채는 선조때부터 대대로 내려오는 물건이다.

好衣好食
호의호식

그는 평생 가난을 모르고 호의호식하며 지냈다.

世上萬事
세상만사

世 인간 세 / 上 윗 상
萬 일 만 만 / 事 일 사

세상에서 일어나는 온갖 일

全心全力
전심전력

全 온전할 전 / 心 마음 심
全 온전할 전 / 力 힘 력

온 마음과 온 힘

世上萬事
세상만사

세상만사 마음먹기 달렸다.

全心全力
전심전력

전심전력하면 좋은 결과를 얻는다.

7단계

어느 고을邑에 청개구리가 살았어요. 청개구리는 엄마 말語을 듣지 않고 뭐든지 반대로 했어요. 학교學校에 가라 하면 놀이터에 가고 한漢자를 써보라 하면 한자 대代신 이상한 글자를 써서 어떤 교육教育도 시킬 수 없었어요.

"애야~ 내가 죽거든 산 말고 냇가에 묻어 다오."

네. 엄마~

말 안 듣는 청개구리 때문에 결국 엄마는 병이 더 깊어 졌어요.

그림 속의 숨은 한자 찾기

學	校	孝	每	邑	教	育	漢	語	代
배울 학	학교 교	효도 효	매양 매	고을 읍	가르칠 교	기를 육	한나라 한	말씀 어	대신할 대
☐	☐	☐	☐	☐	☐	☐	☐	☐	☐

신비한자 6급

1 배울 학

훈 배울 음 학

양손에 배울 것을 들고 집이나 서당에서 가르침 받는 모습. 뜻은 배울이고, 학이라 읽어요.

중국어
学 배우다
xué 슈에

총 16획 ′ ″ ′′′ ″′ ″″ ″″ ″″ ″″ ″″ 段 段 段 段 與 學 學 學

부수 3획 子 아들 자
學

| 배울 학 | 배울 학 | 배울 학 | 배울 학 | 배울 학 | 배울 학 |

학 ☐ 교에서 친구들과 줄넘기를 했다.

2 학교 교

훈 학교 음 교

굽은 나무를 바로잡듯 학생들이 서로 사귀며 바르게 가르치고 배우는 모습. 뜻은 학교이고, 교라고 읽어요.

중국어
校 교정
xiào 씨아오

총 10획 一 十 才 木 木 木 杧 栌 枋 校

부수 4획 木 나무 목
校

| 학교 교 | 학교 교 | 학교 교 | 학교 교 | 학교 교 | 학교 교 |

수요일은 오후 1시에 학교 ☐ 에서 끝나요.

3 효도 효

훈 효도 음 효

나이든 부모를 아들이 업고 효도 하는 모습.
뜻은 효도이고, 효라고 읽어요.

중국어
孝 효도
xiào 씨아오

총 7획 一 十 土 耂 考 孝 孝

부수 3획 子 아들 자
孝

| 효도 효 | 효도 효 | 효도 효 | 효도 효 | 효도 효 | 효도 효 |

우리는 부모님께 효 ☐ 도 하는 사람이 됩시다.

4 매양 매

훈 매양 음 매

어머니가 항상(매양) 머리를 묶고 비녀를 꼽은 모양.
뜻은 매양이고, 매라고 읽어요.

중국어
每 매, 각 각
měi 메이

총 7획 ノ 𠂉 亡 匂 毎 毎 每

부수 4획 毋 말 무
每

| 매양 매 | 매양 매 | 매양 매 | 매양 매 | 매양 매 | 매양 매 |

온유는 매 ☐ 번 잠들기 전에 한자동화를 듣고 잔다.

5 고을 읍

邑
훈 고을 음 읍

둘러 쌓여 있는 성 앞에 무릎을 꿇고 있는 사람모양으로 모여 사는 마을 모습. 뜻은 **고을**이고, **읍**이라 읽어요.

중국어
邑 마을, 읍
yì 이

총 7획 ` 口 口 口 吕 吕 邑

부수 7획 邑 고을 읍 邑

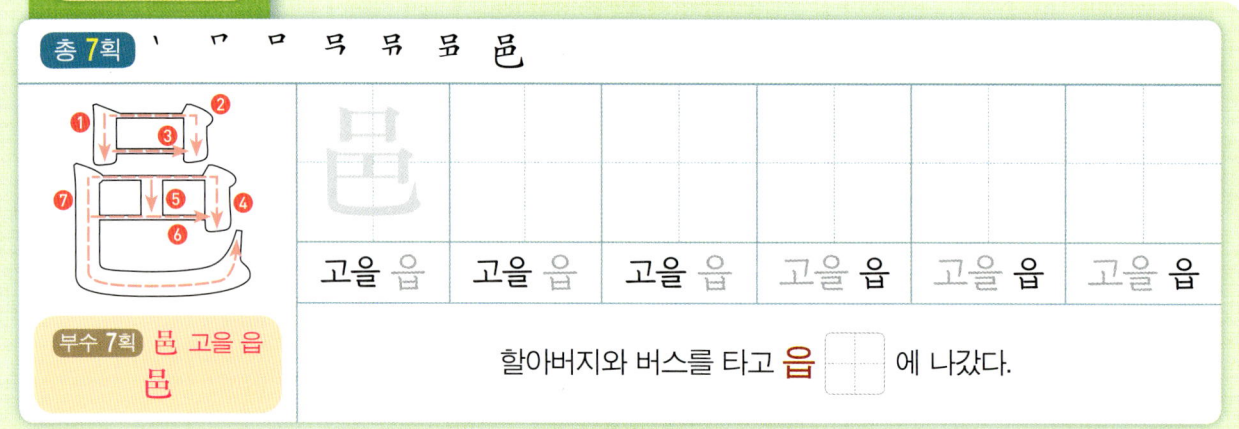

| 고을 읍 | 고을 읍 | 고을 읍 | 고을 읍 | 고을 읍 | 고을 읍 |

할아버지와 버스를 타고 **읍** ☐ 에 나갔다.

6 가르칠 교

教
훈 가르칠 음 교

어린 아이를 가르치기 위해 매를 드는 모습. 뜻은 **가르칠**이고, **교**라고 읽어요.

중국어
教 가르치다
jiào 찌아오

총 11획 ノ ㄨ ㄥ 耂 考 考 孝 孝 教 教 教

부수 4획 攵 등글월 문 教

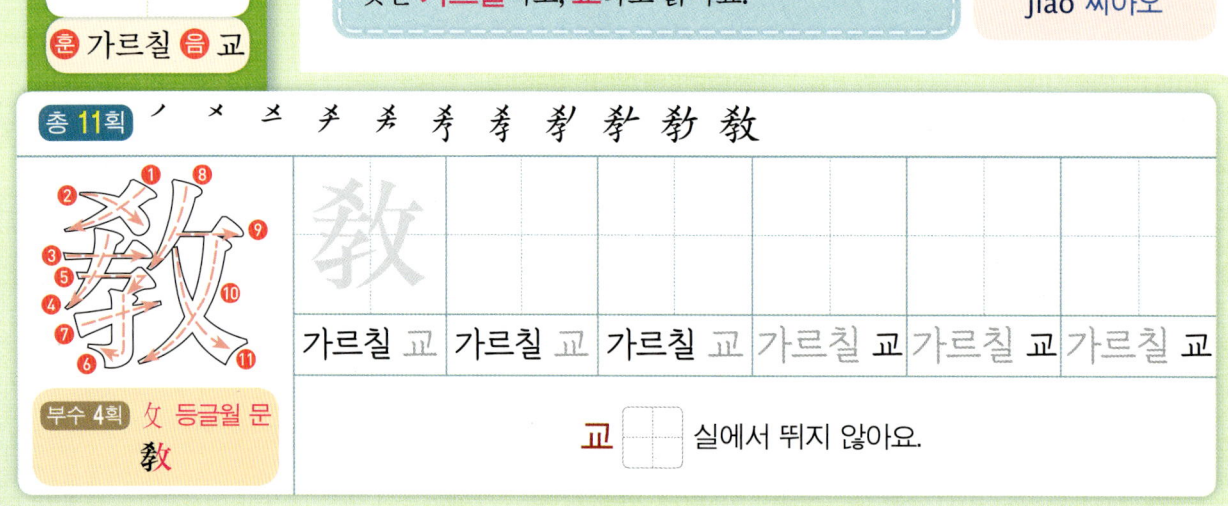

| 가르칠 교 | 가르칠 교 | 가르칠 교 | 가르칠 교 | 가르칠 교 | 가르칠 교 |

교 ☐ 실에서 뛰지 않아요.

7 기를 육

育
훈 기를 음 육

총 8획 　 一　十　云　云　产　育　育　育

부수 4획 月 육달 월
育

| 기를 육 | 기를 육 | 기를 육 | 기를 육 | 기를 육 | 기를 육 |

중국어
育 가르다
yù 위

한자교육 □□ 을 중요하게 생각하는 부모가 많다.

8 한나라 한

漢
훈 한나라 음 한

진흙이 많은 양자강 상류 한수(물이름)를 중심으로 세워진 한나라를 나타냄. 뜻은 **한나라**이고, **한**이라 읽어요.

중국어
汉 한나라
hàn 한

총 14획 　丶　氵　氵　氵　汜　汫　泄　洰　淖　淖　漢　漢

부수 3획 氵 삼수 변
漢

| 한나라 한 | 한나라 한 | 한나라 한 | 한나라 한 | 한나라 한 | 한나라 한 |

이 한 □ 자는 어떻게 읽는 거야?

9 말씀 어

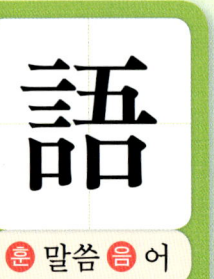
훈 말씀 음 어

사람들이 서로 생각을 말하고 알리는 것을 나타냄.
뜻은 **말씀**이고, **어**라고 읽어요.

중국어
语 말
yǔ 위

총 14획 　丶　一　二　言　言　言　訁　訂　詒　語　語　語　語

부수 7획 言 말씀 언
語

| 말씀 어 | 말씀 어 | 말씀 어 | 말씀 어 | 말씀 어 | 말씀 어 |

사랑이는 책을 많이 읽어 국**어** □ 를 잘 합니다.

10 대신할 대

훈 대신할 음 대

사람을 대신해서 세워둔 말뚝모습.
뜻은 **대신할**이고, **대**라고 읽어요.

중국어
代 대신하다
dài 따이

총 5획 　ノ　イ　仁　代　代

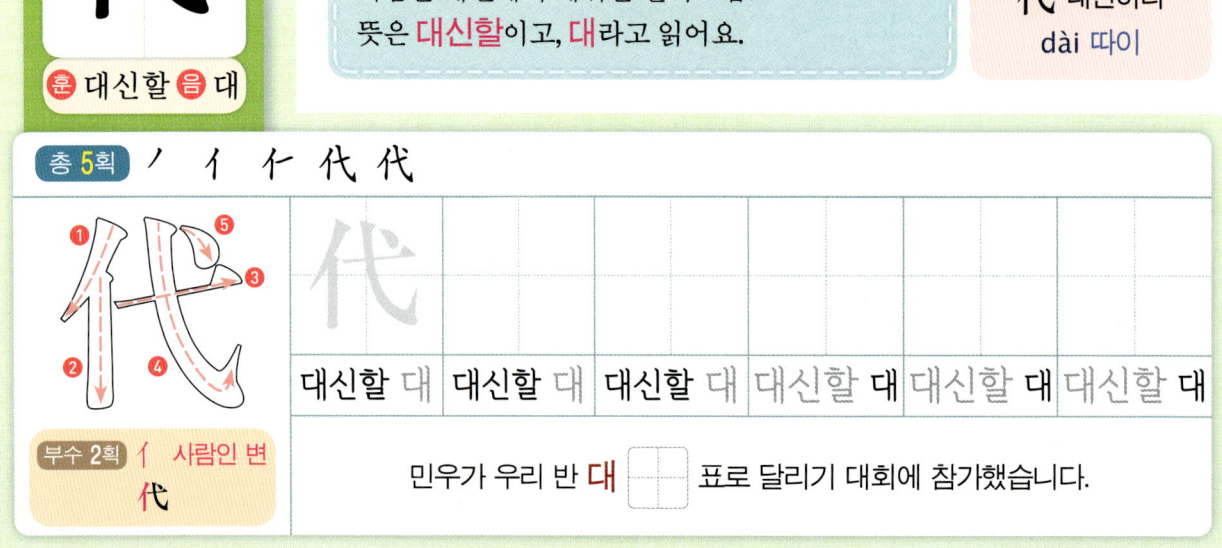

부수 2획 亻 사람인 변
代

| 대신할 대 | 대신할 대 | 대신할 대 | 대신할 대 | 대신할 대 | 대신할 대 | 대신할 대 |

민우가 우리 반 **대** □ 표로 달리기 대회에 참가했습니다.

뚝딱뚝딱 한자 써 보기

 앞에서 배운 한자를 써 보세요.

學 배울 학	學	學							
校 학교 교	校	校							
孝 효도 효	孝	孝							
每 매양 매	每	每							
邑 고을 읍	邑	邑							
敎 가르칠 교	敎	敎							
育 기를 육	育	育							
漢 한나라 한	漢	漢							
語 말씀 어	語	語							
代 대신할 대	代	代							

7단계 103

신나는 한자놀이

1. 다음 훈(뜻)과 음(소리)에 알맞은 한자스티커를 붙여 보세요.

2. 부수와 짝꿍이 되는 한자를 찾아서 서로 연결하세요.

재미있는 한자익히기

1. 훈(뜻)과 알맞은 한자를 연결해 보세요.

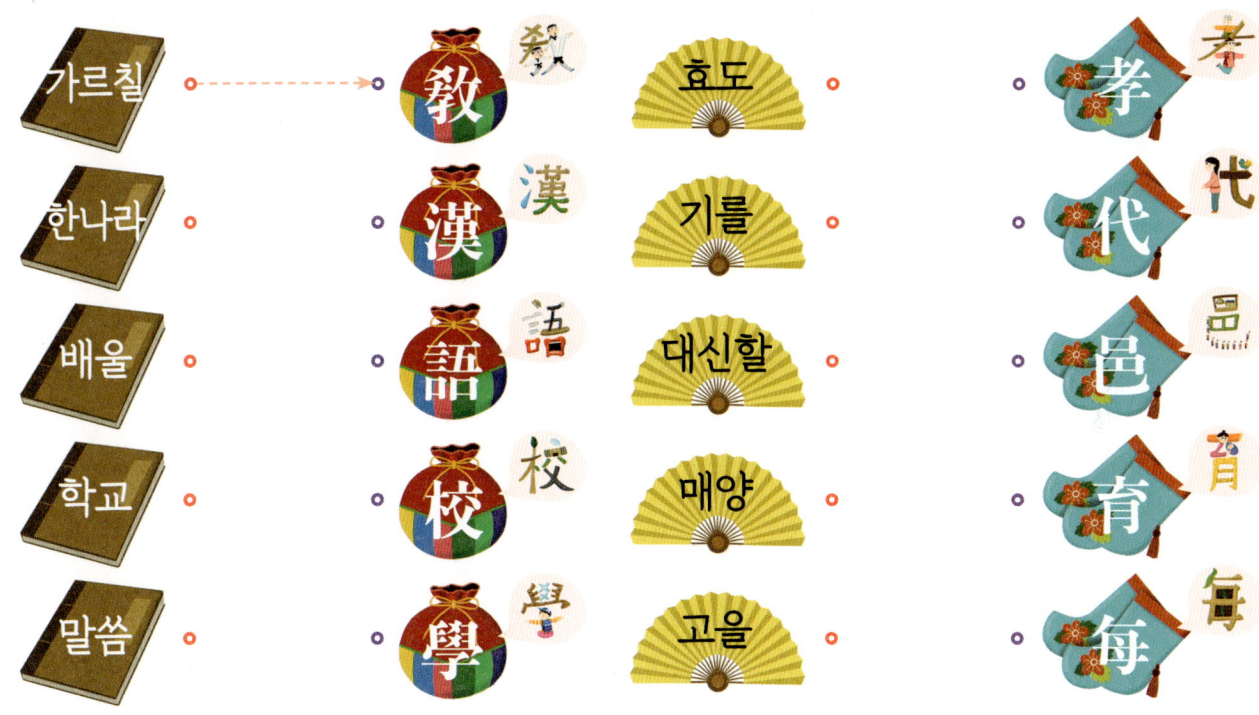

2. 한자에 알맞은 음(소리)을 찾아 ○표시를 하세요.

쿵쿵따 리듬한자

 두 손 들어 배워가는 **배울 학** 學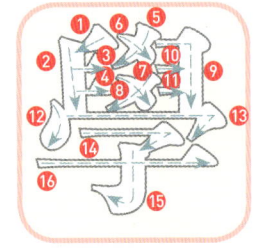

 가르치고 배우는 **학교 교** 校

 부모를 업고 가는 **효도 효** 孝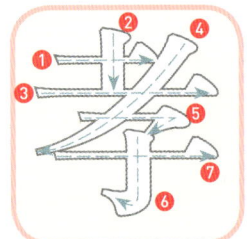

 늘~ 항상~ 뜻을 가진 **매양 매** 每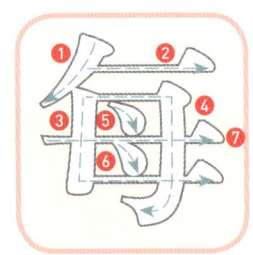

 마을에 모여 사는 **고을 읍** 邑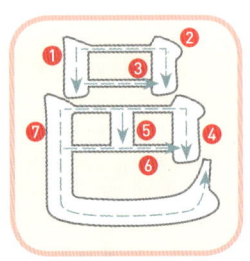

 바르게 가르치는 **가르칠 교** 教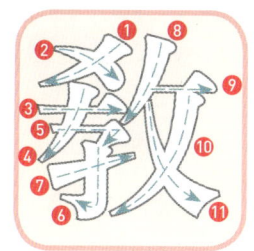

 아이를 낳아 키우는 **기를 육** 育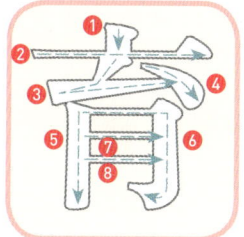

 진흙 많은 강 옆에 세운 **한나라 한** 漢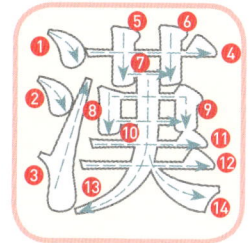

 말과 생각을 알리는 **말씀 어** 語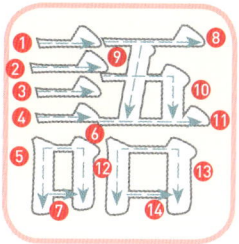

 사람 대신 세워 둬서 **대신할 대** 代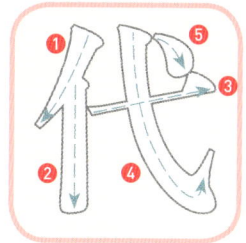

재미있는 한자이야기

教育
교육

教 가르칠 교
育 기를 육

지식과 기술 따위를 가르치며 인격을 길러 줌

古代
고대

古 옛 고
代 대신할 대

옛 시대

教育
교 육

이 책은 환경보호 교육에 좋은 책이다.

古代
고 대

시계가 없던 고대에는 별시계로 시간을 추측했다.

每事
매사

每 매양 매
事 일 사

하나하나의 모든 일

世代
세대

世 인간/대 세
代 대신할 대

어린아이가 성장하여 부모 일을
계승할 때까지의 30년 정도 되는 기간

每事
매 사

매사에 최선을 다하자.

世代
세 대

할아버지는 전쟁을 체험한 세대이다.

語學 어학

語 말씀 어
學 배울 학

어떤 나라의 언어를 연구하거나 배우는 일

모르는 단어는 <u>어학</u> 사전을 찾아본다.

學年 학년

學 배울 학
年 해 년(연)

일 년간의 학습 과정의 단위

나는 올 해 4<u>학년</u>이다.

孝道 효도

孝 효도 효
道 길 도

부모를 정성껏 섬기는 일

나는 부모님께 <u>효도</u>하고 싶다.

休學 휴학

休 쉴 휴
學 배울 학

일정 기간 동안 학교를 쉬는 일

큰 형은 <u>휴학</u>을 하고 군대에 갔다.

8단계

한韓국에서 가까운 이웃나라 중국에 그림 그리기를 좋아하는 소년이 살았어요.
소년은 붓과 종이를 살 수 없어서 땅 바닥에 나뭇가지로 그림을 그렸어요.
어느 날 한 선비는 착한 소년의 그림 솜씨에 놀라 요술 붓을 선물로 주었지요.

소년이 붓으로 새를 그리자 색色이 입혀지더니 진짜 새가 되었어요. 새들은 짹짹 노래歌를 합合창하며 날아 올랐어요.
소년은 붓으로 가난한 이웃에게 음식과 약을 그리고 침실室에 등불도 그려주며 도왔어요.

그림 속의 숨은 한자 찾기

色	室	間	合	所	韓	歌	你	们	吗
빛 색	집 실	사이 간	합할 합	바 소	나라 한	노래 가	너 니	들 문	의문조사 마

1 빛 색

훈 빛 음 색

사람의 마음이 얼굴 빛깔에 나타나는 모습.
뜻은 빛이고, 색이라 읽어요.

중국어
色 색
sè 써

총 6획 ノ ク ク 各 冬 色

부수 6획 色 빛 색
色

| 빛색 | 빛색 | 빛색 | 빛색 | 빛색 | 빛색 |

좋아하는 색 　 으로 꽃을 색칠했다.

2 집 실

훈 집 음 실

집이나 방으로 일을 마치고 돌아와 머무르는 모습.
뜻은 집이고, 실이라고 읽어요.

중국어
室 방
shì 스

총 9획 ` ﾉ 宀 宁 宁 㝉 宔 宔 室

부수 3획 宀 갓머리
室

| 집실 | 집실 | 집실 | 집실 | 집실 | 집실 |

배탈이 나서 하루 종일 화장실 　 을 들락거렸다.

3 사이 간

훈 사이 음 간

어두운 문틈 사이로 빛이 들어오는 모습.
뜻은 사이고, 간이라 읽어요.

중국어
间 사이
jiàn 찌엔

총 12획   １ １ １ １ １' 門 門 門 閂 閆 間 間

부수 8획 門 문 문
間

| 사이 간 | 사이 간 | 사이 간 | 사이 간 | 사이 간 | 사이 간 |

하루에 책 읽는 시**간** ☐ 을 정했습니다.

4 합할 합

훈 합할 음 합

뚜껑과 그릇이 결합하는 모습.
뜻은 합할이고, 합이라 읽어요.

중국어
合 합하다
hé 허

총 6획   ノ 人 亼 今 合 合

부수 3획 口 입 구
合

| 합할 합 | 합할 합 | 합할 합 | 합할 합 | 합할 합 | 합할 합 |

사람들이 **합** ☐ 심으로 태풍 피해 복구작업을 시작했다.

8단계 113

5 바 소

훈 바(곳) 음 소

한 쪽만 있는 문에 도끼 등의 물건을 둔 곳을 나타냄. 뜻은 **바(곳)**이고, **소**라고 읽어요.

중국어
所 장소, 곳
suǒ 쑤오

총 8획　｀　｀　ｒ　ｆ　ｆ　所　所　所

| 바 소 | 바 소 | 바 소 | 바 소 | 바 소 | 바 소 |

부수 4획 戶 지게 호
所

자기 집 주**소** □ 를 알고 있나요?

6 나라 한

훈 나라 음 한

해가 뜨는 동쪽에 성곽으로 둘러싸인 나라를 군사가 지키고 있는 것을 나타냄. 뜻은 **나라**이고, **한**이라 읽어요.

중국어
韩 한국
hán 한

총 17획　一　十　十　十　古　古　直　卓　卓'　卓"　卓ᅲ　卓ᅲ　韓　韓　韓　韓

| 나라 한 | 나라 한 | 나라 한 | 나라 한 | 나라 한 | 나라 한 |

부수 9획 韋 가죽 위
韓

서울은 대**한** □ 민국을 대표하는 도시입니다.

7 노래 가

훈 노래 음 가

하품하듯 입을 벌려 노래하는 모습을 나타냄.
뜻은 노래이고, 가라고 읽어요.

중국어
歌 노래
gē 꺼

총 14획 ㅡ ㄱ 可 可 可 可 可 哥 哥 哥 哥 歌 歌 歌

부수 4획 欠 하품 흠
歌

노래 가 | 노래 가 | 노래 가 | 노래 가 | 노래 가 | 노래 가

나는 가☐수가 꿈입니다.

8 너 니

훈 너 음 니

중국어 뜻은 너/당신이고 nǐ(니)라고 읽어요.
한자 뜻은 너이고, 니라고 읽어요.

총 7획 ノ イ 亻 尔 尔 你 你

부수 2획 亻 사람인 변
你

너 니 | 너 니 | 너 니 | 너 니 | 너 니 | 너 니

중국어 你好! 안녕! / 안녕하세요.
Nǐhǎo! 니하오!

9 들/무리 문

们

훈 들/무리 음 문

중국어 뜻은 ~들이고 ni(니)라고 읽어요.
한자 뜻은 들(무리)이고, 문이라고 읽어요.

총 5획 ノ 亻 亻 们 们

| 들/무리 문 | 들/무리 문 | 들/무리 문 | 들/무리 문 | 들/무리 문 | 들/무리 문 |

부수 2획 亻 사람인 변
们

중국어
你们! 너희들(당신들) / 你们好! 안녕하세요!
Nǐmen! 니먼! Nǐmenhǎo! 니먼 하오!

10 의문조사 마

吗

훈 의문조사 음 마

중국어 뜻은 '~까?, ~요?' 등의 질문을 할 때 사용되고
ma라고, 읽어요.

총 6획 丨 冂 口 吗 吗 吗

| 의문조사 마 | 의문조사 마 | 의문조사 마 | 의문조사 마 | 의문조사 마 | 의문조사 마 |

부수 3획 口 입구
吗

중국어
你有兄弟吗? 너는 형제가 있니?
Nǐ yǒu xiōngdì ma? 니 요우 씨옹띠 마?

뚝딱뚝딱 한자 써 보기

1. 앞에서 배운 한자를 써 보세요.

色 빛색	色	色					
室 집실	室	室					
間 사이 간	間	間					
合 합할 화	合	合					
所 바/곳 소	所	所					
韓 나라 한	韓	韓					
歌 노래 가	歌	歌					
你 너 니	你	你					
们 들/무리 문	们	们					
吗 의문조사 마	吗	吗					

신나는 한자놀이

1. 다음 훈(뜻)에 알맞은 한자스티커를 붙여 보세요.

2. 다음 빈 칸에 들어갈 한자를 써 보세요.

재미있는 한자익히기

1. 훈(뜻)과 알맞은 한자를 연결해 보세요.

2. 한자에 알맞은 음(소리)를 찾아 ○표시를 하세요.

쿵쿵따 리듬한자

 마음, 얼굴에 나타나는 **빛** 색

 일 마치고 돌아오던 **집** 실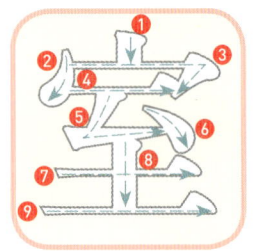

 문틈 사이로 빛이 들어와 **사이** 간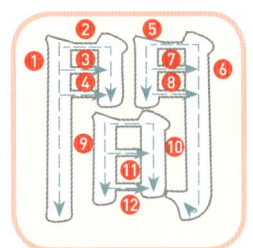

 뚜껑과 그릇이 결합하는 **합할** 합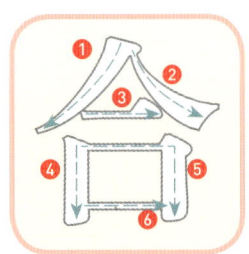

 물건을 보관하던 **바** 소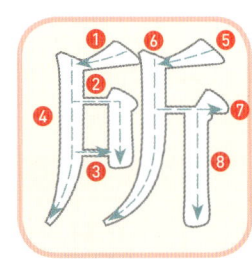

 해가 뜨는 동쪽나라 **나라 한**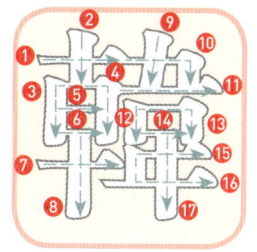

 입을 벌려 노래하는 **노래 가**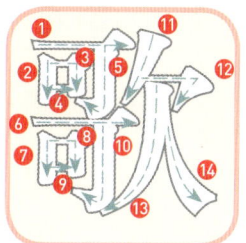

 중국한자 '너, 당신' **너 니**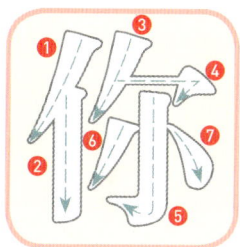

 중국한자 '~들, 무리' **들 문**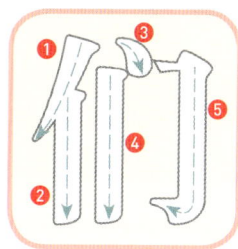

 중국한자 질문 할 때 **의문조사 마**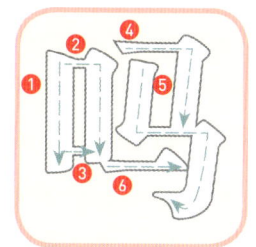

재미있는 한자이야기

間食
간식

間 사이 간
食 밥/먹을 식

끼니와 끼니 사이에 음식을 먹음

教室
교실

教 가르칠 교
室 집 실

학습 활동이 이루어지는 방

間食
간　식

겨울철 간식은 군고구마가 최고야.

教室
교　실

교실에서는 실내화를 신어야 한다.

山所
산소

山 메 산
所 바 소

사람의 무덤

中間
중간

中 가운데 중
間 사이 간

두 사물의 사이
크기, 차례, 공간, 시간 따위의 가운데

山所
산　소

할아버지 산소의 풀을 깎았다.

中間
중　간

이번 중간고사에서 성적이 많이 올랐다.

韓食
한식

韓 나라 한
食 밥/먹을 식

우리나라 고유의 음식이나 식사

合同
합동

合 합할 합
同 한가지 동

둘 이상의 개인이나 조직이 모여
함께 행동이나 일을 함

韓食	
한 식	

불고기는 외국인들이 좋아하는 한식중의 하나이다.

合同	
합 동	

태권도 선수들이 모여 합동훈련을 했어요.

國歌
국가

國 나라 국
歌 노래 가

나라를 대표하고 상징하는 노래

空間
공간

空 빌 공
間 사이 간

아무것도 없는 빈 곳

國歌	
국 가	

각 나라의 국가를 연주하다.

空間	
공 간	

골목이 좁아서 주차공간이 없다.

교과서 한자어 알기

한자어	독음	뜻
家門	가문	집안과 문중 대대로 내려오는 그 집안의 신분
歌手	가수	노래 부르는 것이 직업인 사람
家長	가장	한 가정을 이끌어 나가는 사람
家出	가출	집에서 나가 돌아오지 않음
間食	간식	끼니와 끼니 사이에 먹는 음식
古代	고대	옛 시대
古今	고금	옛날과 지금
古物	고물	옛 물건, 헐거나 낡은 물건
空間	공간	아무것도 없는 빈 곳
工場	공장	원료나 재료를 가공하여 물건을 만들어 내는 설비를 갖춘 곳
空氣	공기	지구를 둘러싼 대기의 하층부를 구성하는 무색, 무취의 투명한 기체
工夫	공부	학문이나 기술을 배우고 익히다.
空中	공중	하늘과 땅 사이의 빈 곳
敎室	교실	학습 활동이 이루어지는 방
敎育	교육	지식과 기술 따위를 가르치며 인격을 길러 줌
校長	교장	학교의 장
敎學	교학	가르치는 일과 배우는 일
國歌	국가	나라를 대표하고 상징하는 노래
國民	국민	국가를 구성하는 사람
國立	국립	공공의 이익을 위하여 나라의 예산으로 세우고 관리함
國語	국어	국민 전체가 쓰는 그 나라의 고유한 말
軍人	군인	군대에서 복무하는 사람

한자어	독음	뜻
軍事	군사	군대, 국방, 전쟁 등에 관한 일
今方	금방	이제 방금, 조금 뒤에 곧
氣分	기분	마음에 저절로 느껴지는 유쾌함이나 불쾌함 따위의 감정
記事	기사	신문이나 잡지에서 어떤 사실에 대하여 알리는 글
老少	노소	늙은이와 젊은이를 아울러 이르는 말
老人	노인	나이가 많이 든 늙은 사람
農家	농가	농사를 본업으로 하는 사람의 집 또는 그런 가정
農夫	농부	농사짓는 일을 직업으로 하는 사람
農事	농사	논밭을 갈아 쌀, 채소, 과일 등을 심어 가꾸고 거두는 일
農場	농장	농사짓기 위한 땅과 농기구, 가축, 노동력을 가지고 농업을 경영하는 곳
來日	내일	1. 오늘 바로 다음 날 2. 다가올 앞날
來韓	내한	외국인이 한국에 오는 것
代入	대입	어떤 것을 대신하여 다른 것을 넣음
洞口	동구	동네 어귀
洞內	동내	동네 안 마을
洞里	동리	주로 시골에서, 여러 집이 모여 사는 곳
同時	동시	같은 때, 같은 시간, 같은 시기
同一	동일	서로 똑 같음
登山	등산	운동, 등산, 탐험 등 목적을 가지고 산에 오름
登場	등장	연극, 영화, 소설 등에서 인물이 나타남. 새로운 제품 등이 세상에 처음으로 나옴

한자어	독음	뜻
馬車	마차	말이 끄는 수레
萬物	만물	세상에 있는 모든 물건
萬里	만리	아주 먼 거리
萬事	만사	많은 일, 온갖 일
萬一	만일	있을지도 모르는 뜻밖의 경우
萬全	만전	조금도 허술함 없이 아주 완전하거나 안전함
末年	말년	어떤 시기의 마지막 무렵
末世	말세	정치, 도덕, 풍속 등이 아주 쇠퇴하여 끝판이 다 된 세상
面目	면목	1. 얼굴의 생김새 2. 남을 대하는 낯
名答	명답	질문에 꼭 알맞은 답
問答	문답	물음과 대답
名色	명색	실속 없이 그럴듯하게 불리는 허울만 좋은 이름
文物	문물	학문·예술·종교·법률 등 사람이 만들어낸 모든 문화적 산물
問安	문안	웃어른께 안부를 여쭙는 그런 인사.
文字	문자	글자. 인간의 언어를 적는 데 사용하는 시각적인 기호 체계
民主	민주	주권이 국민에게 있음
每日	매일	그날그날, 하루하루, 날마다
每事	매사	하나 하나의 일마다
方道	방도	어떤 일을 해나갈 방법
方正	방정	1. 네모지고 반듯함 2. 행동이 바르고 점잖음
方向	방향	어떤 곳을 향하는 쪽, 뜻하는 일, 현상등이 나아가는 목표가 되는 쪽
本末	본말	일의 처음과 끝

한자어	독음	뜻
本文	본문	글의 주요내용을 이루는 부분
本分	본분	사람이 마땅히 지켜야 할 도리나 기본 의무
夫人	부인	남의 아내를 높임말
不足	부족	넉넉하지 못함
分立	분립	갈라져서 따로 섬
不安	불안	마음이 편하지 않음
不平	불평	마음에 들지 아니하여 못마땅하게 여김
士氣	사기	의욕이나 자신감 따위로 충만하여 굽힐 줄 모르는 기세
事大	사대	작은 나라가 큰 나라를 섬김
士大夫	사대부	벼슬이나 문벌이 높은 사람
四方	사방	동서남북의 네 방위
事後	사후	일이 끝난 뒤
山所	산소	사람의 무덤
上衣	상의	위에 입는 옷, 윗옷
生育	생육	낳아서 기름 또는 나서 자람
先祖	선조	먼 윗대의 조상
世代	세대	1. 어린아이가 성장하여 부모 일을 계승할 때까지의 약 30년 정도 되는 기간 2. 같은 시대에 사는, 비슷한 나이 층의 사람 전체
世上	세상	사람이 살고 있는 모든 사회를 통틀어 이르는 말
所有	소유	가지고 있음
手巾	수건	얼굴, 몸 등을 닦기 위한 천 조각

한자어	독음	뜻
水道	수도	1. 물길, 뱃길 2. 수돗물을 받아 쓸 수 있게 만든 시설
水草	수초	물속이나 물가에 자라는 풀
水平	수평	기울지 않고 평평한 상태
時間	시간	1. 어떤 시각과 시각의 사이 2. 어떤 행동을 할 틈
市民	시민	1. 그 시에 사는 사람 2. 나라의 정치에 참여할 수 있는 권리를 가진 사람
時事	시사	그 당시에 생긴 여러 가지 세상 일
市場	시장	여러 가지 상품을 사고파는 일정한 장소
食口	식구	한집에 살면서 끼니를 함께하는 사람
植木	식목	나무를 심음
植物	식물	나무와 풀과 같이 한곳에 고정하여, 공기·흙·물에서 영양분을 섭취하여 살아가는 생물
食後	식후	밥을 먹은 뒤
室內	실내	방이나 건물 등의 안
安心	안심	모든 걱정을 떨쳐 버리고 마음을 편히 가짐
安全	안전	위험이나 사고가 날 염려가 없음
語學	어학	어떤 나라의 언어를 연구하거나 배우는 일
午前	오전	자정부터 낮 열두 시까지의 시간
午後	오후	정오부터 밤 열두 시까지의 시간
外國	외국	자기 나라가 아닌 다른 나라
外來	외래	밖에서 옴

한자어	독음	뜻
王道	왕도	1. 임금이 마땅히 지켜야 할 일 2. 어떤 어려운 일을 하기 쉬운 방법
王位	왕위	임금의 자리
外食	외식	집에서 직접 해 먹지 아니하고 밖에서 음식을 사 먹음
衣食	의식	옷과 먹을 거리
衣食住	의식주	옷과 음식과 집을 통틀어 이르는 말로 사람의 생활에 필요한 세 가지
里長	이장	마을의 일을 맡아보는 사람
人間	인간	사람
人氣	인기	어떤 대상에 쏠리는 많은 사람들의 높은 관심이나 좋아하는 기운
人力車	인력거	사람이 끄는, 바퀴가 두 개 달린 수레
人事	인사	1. 사람이 하는 일 2. 만나거나 헤어질 때에 하는 말이나 행동
日記	일기	그 날 있었던 일이나 느낌을 적는 개인의 글
入室	입실	방이나 교실 등에 들어감
立場	입장	처하여 있는 상황이나 형편
入場	입장	큰 회의나 행사가 치러지는 장소 안으로 들어가는 것
有名	유명	이름이 널리 알려져 있음
有力	유력	1. 힘(세력이나 재산)이 있음 2. 가능성이 많음
場面	장면	어떤 장소에서 겉으로 드러난 면이나 벌어진 광경
長文	장문	아주 긴 글
場所	장소	무엇이 있거나 어떤 일이 이루어지거나 일어나는 곳

한자어	독음	뜻
電氣	전기	1. 전자의 이동으로 생기는 에너지 2. 물체의 마찰에서 일어나는 현상
前面	전면	앞쪽
全力	전력	모든 힘, 온 힘
前後	전후	앞과 뒤
正道	정도	올바른 길
正答	정답	옳은 답
正字	정자	또박또박 바르게 쓴 글자
祖上	조상	1. 돌아간 어버이 위로 대대의 어른 2. 자기 세대 이전의 모든 세대
住民	주민	일정한 지역에 살고 있는 사람
住所	주소	사람이 살고 있는 곳이나 회사 등이 자리 잡고 있는 곳
中古	중고	이미 사용하였거나 오래됨
中間	중간	1. 두 사물의 사이 2. 어떤 일이 아직 끝나지 않은 때나 장
地方	지방	1. 어느 한 방면의 땅 2. 서울 밖의 지역
地位	지위	1. 있는 자리 2. 사회적으로 차지하는 신분의 높낮이 또는 수준
千萬	천만	일만의 천 배
草木	초목	풀과 나무를 아울러 이르는 말
草食	초식	주로 풀이나 푸성귀만 먹고 삶
平生	평생	세상에 태어나서 죽을 때까지의 동안
學校	학교	일정한 목적, 교과 과정, 설비, 제도 및 법규에 의하여 교사가 계속적으로 학생에게 교육을 실시하는 기관
學年	학년	일 년간의 학습 과정의 단위

한자어	독음	뜻
漢江	한강	한국 중부를 흐르는 강
學問	학문	어떤 분야를 체계적으로 배워서 익힘, 또는 그런 지식
學生	학생	학교에 다니면서 공부하는 사람
韓國	한국	대한민국
韓食	한식	우리나라 고유의 음식이나 식사
漢字	한자	중국의 글자
合同	합동	둘 이상의 개인이나 조직이 모여 함께 행동이나 일을 함
合心	합심	여러 사람이 마음을 한데 합함
向上	향상	기술이나 실력, 수준 등이 나아짐
海上	해상	바다 위
海外	해외	1. 바다의 밖 2. 바다를 사이에 둔 다른 나라
好事	호사	좋은 일
好人	호인	성품이 좋은 사람
好衣好食	호의호식	좋은 옷을 입고 좋은 음식을 먹음
孝道	효도	부모를 정성껏 섬기는 일
孝心	효심	효성스러운 마음
後記	후기	본문 뒤에 덧붙여 쓴 글
後世	후세	다음에 오는 세상 또는 다음 세대의 사람들
休校	휴교	학교의 수업과 업무를 한동안 쉼
休日	휴일	일을 쉬고 노는 날
休學	휴학	일정 기간 학교에 다니지 않고 쉬는 것

사자성어 알아 보기

한자어	독음	뜻
南男北女	남남북녀	우리나라에서 남자는 남쪽 지방 사람이 잘나고 여자는 북쪽 지방 사람이 고움을 이르는 말
男女老少	남녀노소	남자와 여자, 늙은이와 젊은이란 뜻으로, 모든 사람을 이르는 말
東問西答	동문서답	질문과는 전혀 상관없는 엉뚱한 대답
東西南北	동서남북	동쪽·서쪽·남쪽·북쪽이라는 뜻으로, 모든 방향을 이르는 말
東西古今	동서고금	동양과 서양, 옛날과 지금을 통틀어 이르는 말
同姓同本	동성동본	성과 본관이 모두 같음
名山大川	명산대천	이름난 산과 큰 내
父母兄弟	부모형제	아버지와 어머니, 형과 아우를 아울러 이르는 말
不立文字	불립문자	불도의 깨달음은 마음에서 마음으로 전하는 것이므로 말이나 글에 의지하지 않는다는 말
三日天下	삼일천하	어떤 지위에 발탁·기용되었다가 며칠 못 가서 떨어지는 일을 비유하는 말
三三五五	삼삼오오	서너 사람 또는 대여섯 사람이 떼를 지어 다니거나 무슨 일을 함. 또는 그런 모양
四方八方	사방팔방	여기저기 모든 방향이나 방면
山川草木	산천초목	산과 시내, 풀과 나무, 모든 자연
上下左右	상하좌우	위와 아래, 왼쪽과 오른쪽을 아울러 이르는 말
生年月日	생년월일	태어난 해와 달과 날
十中八九	십중팔구	열 가운데 여덟이나 아홉 정도로 거의 대부분이거나 거의 틀림없음
世上萬事	세상만사	세상에서 일어나는 온갖 일
一人天下	일인천하	한 사람이 온 세상을 지배함
自問自答	자문자답	스스로 묻고 스스로 대답함
全心全力	전심전력	온 마음과 온 힘을 다하는 모습
前後左右	전후좌우	앞과 뒤, 왼쪽과 오른쪽. 곧, 사방(四傍)
天上天下	천상천하	하늘의 위와 아래라는 뜻으로, 온 세상을 이르는 말
靑天白日	청천백일	하늘이 맑게 갠 대낮
好衣好食	호의호식	좋은 옷을 입고 좋은 음식을 먹음

뜻이 반대되는 한자(反意字반의자) 살펴 보기

1. 古 ↔ 今 — 옛 고 / 이제 금
2. 空 ↔ 有 — 빌 공 / 있을 유
3. 空 ↔ 海 — 하늘 공 / 바다 해
4. 敎 ↔ 學 — 가르칠 교 / 배울 학
5. 老 ↔ 少 — 늙을 로 / 젊을 소
6. 問 ↔ 答 — 물을 문 / 대답 답
7. 物 ↔ 心 — 물건 물 / 마음 심
8. 民 ↔ 主 — 백성 민 / 임금 주
9. 民 ↔ 王 — 백성 민 / 임금 왕
10. 本 ↔ 末 — 근본 본 / 끝 말
11. 分 ↔ 合 — 나눌 분 / 합할 합
12. 士 ↔ 民 — 선비 사 / 백성 민

⑬ 先 ↔ 後
먼저 선 / 뒤 후

⑭ 前 ↔ 後
앞 전 / 뒤 후

● 뜻이 비슷한 한자(類意字유의자) 살펴 보기 ●

① 家 = 室
집 가 / 집 실

② 洞 = 里
골 동 / 마을 리

③ 同 = 一
한가지 동 / 하나 일

④ 世 = 代
세대 세 / 세대 대

⑤ 市 = 邑
저자 시 / 고을 읍

⑥ 土 = 地
흙 토 / 땅 지

간체자(简体字) 살펴 보기

신비한자로 신나게 반복해서 공부하면 한자 실력이 쑥쑥~ 성장할 꺼에요.

정답

정답
6급 HNK 한중상용한자 예상문제 정답
준5급 대한검정회 예상문제 정답

정답

p12~13

p20~21

p26~27

p34~35

p40~41

p48~49

p54~55

p62~63

p68~69

p76~77

p82~83

p90~91

p96~97

p104~105

142 신비한자 6급

p110~111

p118~119

실전 예상문제 정답

6급 HNK한중상용한자능력시험 예상문제

1. ④	2. ③	3. ①	4. ③	5. ②
6. ①	7. ③	8. ②	9. ②	10. ④
11. ①	12. ④	13. ②	14. ②	15. ③
16. ③	17. ④	18. ①	19. ③	20. ②
21. ①	22. ②	23. ②	24. ④	25. ③
26. ①	27. ②	28. ②	29. ③	30. ①
31. 근본 본	32. 향할 향	33. 빛 색	34. 지아비 부	35. 나눌 분
36. 한국 한	37. 대신할 대	38. 바를 정	39. 고을 읍	40. 풀 초
41. 불평	42. 마차	43. 수건	44. 입지	45. 일기
46. 학교	47. 고물	48. 선수	49. 상의	50. 오전
51. 问	52. 汉	53. 吗	54. 万	55. 电
56. 後	57. 農	58. 來	59. 場	60. 氣
61. 亻	62. 宀	63. 四方八方	64. 男女老少	65. 全心全力
66. 주소	67. 공사	68. 차도	69. 매일	70. 부족
71. 등산	72. 해물	73. 식물	74. 시간	75. 효도
76. 來日	77. 世上	78. 空中	79. 食口	80. 校長

준5급 대한검정회 예상문제

1. ③	2. ④	3. ④	4. ②	5. ③
6. ①	7. ③	8. ④	9. ①	10. ②
11. ①	12. ②	13. ④	14. ③	15. ①
16. ③	17. ②	18. ②	19. ④	20. ①
21. ②	22. ④	23. ①	24. ①	25. ①
26. ②	27. ②	28. ④	29. ①	30. ①
31. ④	32. ②	33. ③	34. ④	35. ②
36. ②	37. ①	38. ③	39. ③	40. ④
41. ①	42. ④	43. ②	44. ②	45. ①
46. ①	47. ③	48. ④	49. ②	50. ③

실전 예상문제

6급 HNK 한중상용한자 예상문제 1회

준5급 대한검정회 예상문제 1회

OMR 카드

선택형 [1~30]

※ 다음 물음에 맞는 답의 번호를 답안지의 해당 답란에 표시하시오.

[1~5]
한자의 훈과 음으로 바른 것을 고르시오.

1 今 ( )
　①때 시　②빛 색
　③나눌 분　④이제 금

2 育 ( )
　①가르칠 교　②있을 유
　③기를 육　④먹을 식

3 末 ( )
　①끝 말　②올 래
　③낮 오　④쉴 휴

4 全 ( )
　①글월 문　②쇠 금
　③온전할 전　④앞 전

5 休 ( )
　①마당 장　②쉴 휴
　③나무 목　④학교 교

[6~10]
다음 훈과 음에 해당하는 한자를 고르시오.

6 선비 사 ( )
　①士　②事　③土　④四

7 골 동 ( )
　①同　②方　③洞　④本

8 글월 문 ( )
　①合　②文　③木　④問

9 낯 면 ( )
　①江　②面　③古　④口

10 저자 시 ( )
　①午　②木　③海　④市

[11~15]

다음 훈과 음에 해당하는 한자와 그 간체자가 바르게 짝지어진 것을 고르시오.

11 때 시   (   )

  ①時 = 时   ②馬 = 马

  ③國 = 国   ④長 = 长

12 말씀 어   (   )

  ①嗎 = 吗   ②場 = 场

  ③魚 = 鱼   ④語 = 语

13 기록할 기   (   )

  ①氣 = 气   ②記 = 记

  ③祖 = 祖   ④萬 = 万

14 군사 군   (   )

  ①韓 = 韩   ②軍 = 军

  ③靑 = 青   ④內 = 内

15 머리 혈   (   )

  ①學 = 学   ②敎 = 教

  ③頁 = 页   ④植 = 植

[16~18]

뜻이 반대 또는 상대되는 한자를 고르시오.

16 答   (   )

  ①敎   ②校   ③問   ④間

17 古   (   )

  ①民   ②海   ③家   ④今

18 後   (   )

  ①前   ②合   ③間   ④食

[19~21]

뜻이 같거나 비슷한 한자를 고르시오.

19 同   (   )

  ①登   ②不   ③一   ④代

20 室   (   )

  ①地   ②家   ③民   ④位

21 洞   (   )

  ①里   ②衣   ③農   ④草

[22~24]
밑줄 친 낱말의 뜻을 가진 한자를 고르시오.

22 방학 때 줄넘기를 <u>배웠다</u>. (　　)

　　① 分　　② 學　　③ 住　　④ 土

23 세수를 하고 <u>수건</u>으로 얼굴을 닦았다.
　　　　　　　　　　　　　　　(　　)

　　① 安　　② 巾　　③ 水　　④ 衣

24 친구들과 자전거를 타니 기분이 <u>좋았다</u>.
　　　　　　　　　　　　　　　(　　)

　　① 所　　② 同　　③ 口　　④ 好

[25~27]
다음 뜻을 가진 한자어를 고르시오.

25 나라를 대표하는 노래　　　(　　)

　　① 民歌　　　　② 國家
　　③ 國歌　　　　④ 校歌

26 행동이나 일을 함께함.　　(　　)

　　① 合同　　　　② 同心
　　③ 不合　　　　④ 孝心

27 일을 하지 않고 쉬는 날　　(　　)

　　① 年末　　　　② 休日
　　③ 休校　　　　④ 月末

[28~30]
밑줄 친 한자어의 뜻으로 알맞은 것을 고르시오.

28 마을 <u>住民</u>들이 함께 쌓인 눈을 치웠다.
　　　　　　　　　　　　　　(　　)

　　① 늙은이와 젊은이
　　② 일정한 지역에 살고 있는 사람
　　③ 국가를 구성하는 사람
　　④ 같은 반 학생들

29 주말에 가족들과 <u>農場</u>에 갔다. (　　)

　　① 농사짓는 일을 하는 사람
　　② 쉴 수 있는 공원
　　③ 농사짓기 위한 땅
　　④ 학교에서 공부하는 교실

30 나의 꿈은 <u>歌手</u>가 되는 것이다. (　　)

　　① 노래를 부르는 사람
　　② 손으로 물건을 만드는 사람.
　　③ 학생들을 가르치는 선생님.
　　④ 옷을 만드는 사람.

단답형 [31~80]

※ 다음 물음에 맞는 답을 답안지의 해당 답란에 쓰시오.

[31~40]
한자의 훈과 음을 쓰시오.

예시: 一 (하나 일)

31 本 (   )

32 向 (   )

33 色 (   )

34 夫 (   )

35 分 (   )

36 韓 (   )

37 代 (   )

38 正 (   )

39 邑 (   )

40 草 (   )

[41~50]
한자어의 독음을 쓰시오.

예시: 一二 (일이)

41 不平 (   )

42 馬車 (   )

43 手巾 (   )

44 立地 (   )

45 日氣 (   )

46 學校 (   )

47 古物 (   )

48 先手 (   )

49 上衣 (   )

50 午前 (   )

[51~55]
다음 한자의 간체자를 〈보기〉에서 찾아 쓰시오.

〈보기〉
问　万　汉　吗　电

51　問　　（　　　　　　　）

52　漢　　（　　　　　　　）

53　嗎　　（　　　　　　　）

54　萬　　（　　　　　　　）

55　電　　（　　　　　　　）

[56~60]
다음 한자의 번체자를 〈보기〉에서 찾아 쓰시오.

〈보기〉
來　後　氣　場　農

56　后　　（　　　　　　　）

57　农　　（　　　　　　　）

58　来　　（　　　　　　　）

59　场　　（　　　　　　　）

60　气　　（　　　　　　　）

[61~62]
다음 한자의 부수를 쓰시오.

예시: 室 (宀)

61　位　　（　　　　　　　）

62　安　　（　　　　　　　）

[63~65]
다음 뜻을 가진 사자성어를 〈보기〉에서 찾아 그 독음을 쓰시오.

〈보기〉
男女老少　　　全心全力
四方八方　　　東問西答

63　사방팔방 : 여기저기 모든 방향이나 방면
　　　　　　（　　　　　　　　　　）

64　남녀노소 : 남자와 여자, 늙은이와 젊은이란 뜻으로, 모든 사람을 이르는 말
　　　　　　（　　　　　　　　　　）

65　전심전력 : 마음과 힘을 한 곳에 온통 쏟음
　　　　　　（　　　　　　　　　　）

[66~75]
밑줄 친 한자어의 독음을 쓰시오.

예시: 漢字를 익힐 때는 여러 가지의 훈과 음에 유의해야 합니다. (한자)

66 住所를 확인하고 편지를 보냈다.
(   )

67 집 앞 도로를 工事 한다.
(   )

68 자전거를 탈 때 車道로 내려가면 안된다.
(   )

69 每日 아침 7시30분에 일어난다.
(   )

70 인원이 不足해서 축구시합을 못했다.
(   )

71 주말에 가족들과 함께 登山을 했다.
(   )

72 엄마와 함께 海物파전을 먹었다.
(   )

73 내방은 햇볕이 잘 들어와 植物이 잘 자란다.
(   )

74 점심 時間에 밥을 먹고 친구들과 운동장에서 놀았다. (   )

75 부모님께 孝道를 해야 겠다.
(   )

[76~80]
다음 문장의 내용에 맞게 밑줄 친 한자어를 쓰시오.

예시: 한자를 쓸 때는 순서에 유의해야 합니다.
(漢字)

76 내일은 기다리던 내 생일이다.
(   )

77 하얀 눈이 온 세상을 덮었다.
(   )

78 풍선이 공중으로 날아갔다.
(   )

79 우리집은 다섯 식구가 함께 살아요.
(   )

80 교장 선생님께서 교문에서 반갑게 인사를 해 주신다. (   )

준 5급

대한민국한자급수자격검정시험 예상문제

수험번호 :   성명 :

■ 다음 물음에 맞는 답의 번호를 골라 답안지의 해당 답란에 표시하시오.

※ 한자의 뜻과 음으로 바른 것을 고르시오.

1. 士 ( ) ① 흙 토 ② 몸 기 ③ 선비 사 ④ 장인 공
2. 衣 ( ) ① 지아비 부 ② 주인 주 ③ 이제 금 ④ 옷 의
3. 弟 ( ) ① 모 방 ② 맏 형 ③ 사내 남 ④ 아우 제
4. 央 ( ) ① 가운데 중 ② 가운데 앙 ③ 오른 우 ④ 돌 석
5. 生 ( ) ① 날 일 ② 성씨 성 ③ 날 생 ④ 세상 세
6. 馬 ( ) ① 말 마 ② 양 양 ③ 일백 백 ④ 글월 문
7. 世 ( ) ① 바를 정 ② 열 십 ③ 세상 세 ④ 날 생
8. 寸 ( ) ① 개 견 ② 힘 력 ③ 몸 기 ④ 마디 촌
9. 千 ( ) ① 일천 천 ② 하늘 천 ③ 내 천 ④ 돌 석
10. 少 ( ) ① 양 양 ② 적을 소 ③ 작을 소 ④ 아니 불

※ 뜻과 음에 알맞은 한자를 고르시오.

11. 수레 거 ( ) ①車 ②先 ③己 ④耳
12. 이제 금 ( ) ①洞 ②今 ③金 ④目
13. 힘 력 ( ) ①巾 ②石 ③九 ④力
14. 날 출 ( ) ①口 ②下 ③出 ④入
15. 푸를 청 ( ) ①青 ②月 ③川 ④江
16. 저녁 석 ( ) ①玉 ②石 ③夕 ④先
17. 이름 명 ( ) ①自 ②名 ③明 ④石
18. 주인 주 ( ) ①生 ②主 ③王 ④玉
19. 개 견 ( ) ①牛 ②羊 ③漁 ④犬
20. 향할 향 ( ) [보기] ①上 ②向 ③立 ④地

※ 물음에 알맞은 답을 고르시오.

21. "먼저나 미리"를 뜻하는 한자는? ( )
    ①地 ②先 ③末 ④下

22. "의자를 中古시장에서 구입했습니다?"에서 밑줄 친 '古'의 뜻과 음으로 알맞은 것은? ( )
    ①열 십 ②예 십 ③새 고 ④예 고

23. "전시관 벽에 걸린 그림은 유명한 화가가 末年에 그린 작품들이다."에서 밑줄 친 '末'의 뜻과 음으로 알맞은 것은? ( )
    ①끝 말 ②나무 목 ③수건 건 ④세상 세

24. 한자의 총획이 바르지 않은 것은? ( )
    ①夫 - 총5획   ②寸 - 총3획
    ③石 - 총5획   ④耳 - 총6획

25. '字'의 유의자(비슷한 뜻의 한자)는? ( )
    ①文 ②正 ③子 ④木

26. '外'의 반의자(상대 또는 반대되는 뜻의 한자)는? ( )
    ①右 ②內 ③左 ④中

※ 어휘의 독음이 바른 것을 고르시오.

27. 王位 ( ) ①옥립 ②왕위 ③옥위 ④왕립
28. 己川 ( ) ①견강 ②자천 ③기천 ④을천
29. 工地 ( ) ①공지 ②백생 ③사지 ④공선
30. 自林 ( ) ①목림 ②자목 ③자림 ④주목
31. 入耳 ( ) ①인귀 ②입귀 ③팔목 ④입이

※ 어휘의 뜻으로 알맞은 것을 고르시오.

32. 兄弟 ( )
    ① 형과 여동생 ② 형과 아우
    ③ 아버지의 형제 ④ 형처럼 씩씩한 아우

33. 姓名　　（　）
   ① 성씨　　　　② 성을 제외한 이름
   ③ 성과 이름　　④ 성을 제외한 이름

34. 夕食　　（　）
   ① 아침, 점심, 저녁 식사　　② 별명
   ③ 밤에 먹는 야식　　　　　④ 저녁식사

※ 낱말을 한자로 바르게 쓴 것을 고르시오.

35. 연말: 한 해의 마지막 때　　（　）
   ① 月末　② 年末　③ 末今　④ 末世

36. 백옥: 빛깔이 하얀 옥　　（　）
   ① 百玉　② 白玉　③ 王白　④ 白衣

37. 산지: 들이 적고 산이 많은 지대　　（　）
   ① 山地　② 山少　③ 大山　④ 山江

38. 제자: 스승으로부터 가르침을 받는 사람　（　）
   ① 弟夫　② 先弟　③ 弟子　④ 老弟

※ 밑줄 친 어휘의 알맞은 독음을 고르시오.

39. 어머니와 아들을 母子라고 한다.　（　）
   ① 자모　② 모녀　③ 모자　④ 부자

40. 파도에 배가 左右로 흔들린다.　（　）
   ① 사방　② 좌석　③ 전후　④ 좌우

41. 休日에 공원에서 자전거를 탄다.　（　）
   ① 휴일　② 주말　③ 주일　④ 목일

42. 오전 기차가 方今 출발했다.　（　）
   ① 금일　② 정시　③ 금방　④ 방금

43. 언니의 남편을 兄夫라 부른다.　（　）
   ① 형제　② 형부　③ 삼촌　④ 자매

44. 작년보다 피아노 실력이 向上되었다.　（　）
   ① 동상　② 향상　③ 발전　④ 상위

※ 밑줄 친 부분을 한자로 바르게 쓴 것을 고르시오.

이 도로는 45) 남북으로 길게 46) 지방까지 이어지는 고속도로이다.

45. 남북（　）
   ① 東北　② 南西　③ 南北　④ 北南

46. 지방（　）
   ① 地方　② 今方　③ 正方　④ 方向

※ 물음에 알맞은 답을 고르시오.

47. '木工'의 유의어(비슷한 뜻의 어휘)는?　（　）
   ① 家工　② 木力　③ 木手　④ 工夫

48. '出口'의 반의어(상대 또는 반대되는 뜻의 어휘)는?　（　）
   ① 兄弟　② 夫兄　③ 夫弟　④ 入口

49. '全心全力'의 뜻으로 알맞은 것은?　（　）
   ① 마음에 힘을 빼는 모양.
   ② 온 마음과 온 힘
   ③ 마음과 힘이 똑같음.
   ④ 심장이 뛰는 힘을 나타냄.

50. 평소의 행동으로 바르지 않은 것은?　（　）
   ① 어른을 만나면 인사를 잘 한다.
   ② 밖에 나갔다 돌아오면 손과 발을 깨끗이 씻는다.
   ③ 사용한 물건은 항상 나중에 정리한다.
   ④ 부모님의 말씀을 잘 듣는다.

♣ 수고하셨습니다.

HNK 한자능력시험 6급 답안지

제○○회 한자급수자격시험 ○ 경시대회 답안지 [앞면]

[제10-4훈 서식]

사단
법인 대한민국한자교육연구회 / KTA 대한검정회

수험번호

주민등록 앞6자리 (생년월일)

성별 남 / 여

예: 2001.11.22 → 01.11.22

※ 주의사항

이 답안지는 한자급수자격시험 및 전국한문실력경시대회 검정용입니다.

1. 답안지가 구겨지거나 더럽혀지지 않도록 할 것. 모든 기록은 첫칸부터 한 자씩 자세히 쓸 것.
2. 답안지의 모든기재 사항은 검정색 볼펜을 사용하여 기재하고 해당 번호에 한개의 답에만 ● 처럼 칠할 것.
3. 수험번호의 정확하게 기재하여 주십시오.
4. ※ 표시가 있는 란은 절대 기입하지 말 것.
5. 기재요류로 인한 책임은 모두 응시자 본인에게 있습니다.

※ 참고사항

▼ 시험준비물: 시험에 필요한 모든 물품은 기방에 넣어 지정된 장소에 보관할 것.
▼ 시험시간 및 합격기준

등급	시험시간	합격기준
6급-준3급	14:00-14:40(40분)	70점이상
3급-2급	14:00-15:00(60분)	

▼ 합격자발표: 시험 4주후 발표
- 홈페이지 및 ARS(060-700-2130)
- 지역총 교부방법
- 방문접수자는 접수처에서 교부
- 인터넷접수자는 개별송부
※ 시험종료 후 시험지 및 답안지를 반드시 제출하시오.

성 명 (한글)

객관식 답안란

	1	2	3	4
1	①	②	③	④
2	①	②	③	④
3	①	②	③	④
4	①	②	③	④
5	①	②	③	④
6	①	②	③	④
7	①	②	③	④
8	①	②	③	④
9	①	②	③	④
10	①	②	③	④
11	①	②	③	④
12	①	②	③	④
13	①	②	③	④
14	①	②	③	④
15	①	②	③	④
16	①	②	③	④
17	①	②	③	④
18	①	②	③	④
19	①	②	③	④
20	①	②	③	④
21	①	②	③	④
22	①	②	③	④
23	①	②	③	④
24	①	②	③	④
25	①	②	③	④
26	①	②	③	④
27	①	②	③	④
28	①	②	③	④
29	①	②	③	④
30	①	②	③	④
31	①	②	③	④
32	①	②	③	④
33	①	②	③	④
34	①	②	③	④
35	①	②	③	④
36	①	②	③	④
37	①	②	③	④
38	①	②	③	④
39	①	②	③	④
40	①	②	③	④
41	①	②	③	④
42	①	②	③	④
43	①	②	③	④
44	①	②	③	④
45	①	②	③	④
46	①	②	③	④
47	①	②	③	④
48	①	②	③	④
49	①	②	③	④
50	①	②	③	④

※ 주관식 답안란은 뒷면에 있습니다.

감독확인: 정 / 부

※ 모든 기록은 첫칸부터 한 자씩 붙여 쓰시오.

MEMO

MEMO

신비한자 카드 6급

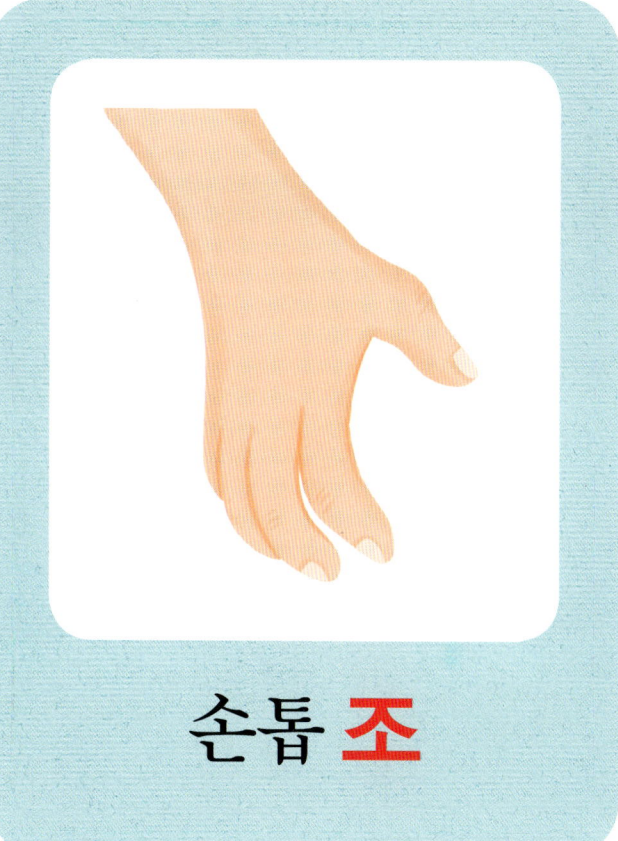

손톱 조

작을 요

창 과

총 4획 · 6급

언제 어디서든 들고 다니면서 한자를 외워 보세요.

총 4획 · 6급

총 3획 · 6급

집 **면**

머리 **혈**

주살 **익**

집 **엄**, 넓을 **광**

에워쌀 **위**

뒤져올 **치**

길게 걸을 **인**

하품/부족할 **흠**

받들/손 맞잡을 **공**

터럭 **삼**

돼지머리 **계**

칠 **복**

칠/몽둥이 **수**

조금 걸을 **척**

쉬엄쉬엄갈 **착**

앙상한 뼈 **알**

총 3획 6급

총 4획 6급

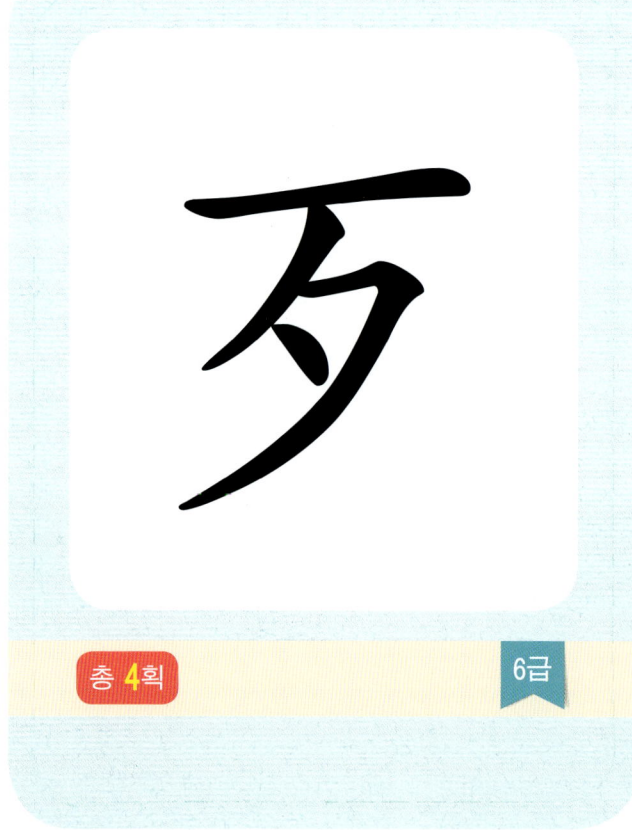

총 4획 6급

총 7획 6급

나뭇조각/조각 **장**

병들어 기댈 **녁**

쉴 **휴**

선비 **사**

총 5획

총 4획　6급

총 3획　6급

부수 士 선비 사

총 6획　6급

부수 亻 사람인 변

이제 금

글월 문

글자 자

가운데 앙

총 4획   6급
부수 文 글월 문

총 4획   6급
부수 人 사람인 변

총 5획   6급
부수 大 큰 대

총 6획   6급
부수 子 아들 자

지아비 부

바를 정

늙을 노(로)

번개 전

올 래(내)

대답 답

기운 기

향할 향

총 12획   6급
부수 竹 대 죽

총 8획   6급
부수 人 사람인 변

총 6획   6급
부수 口 입 구

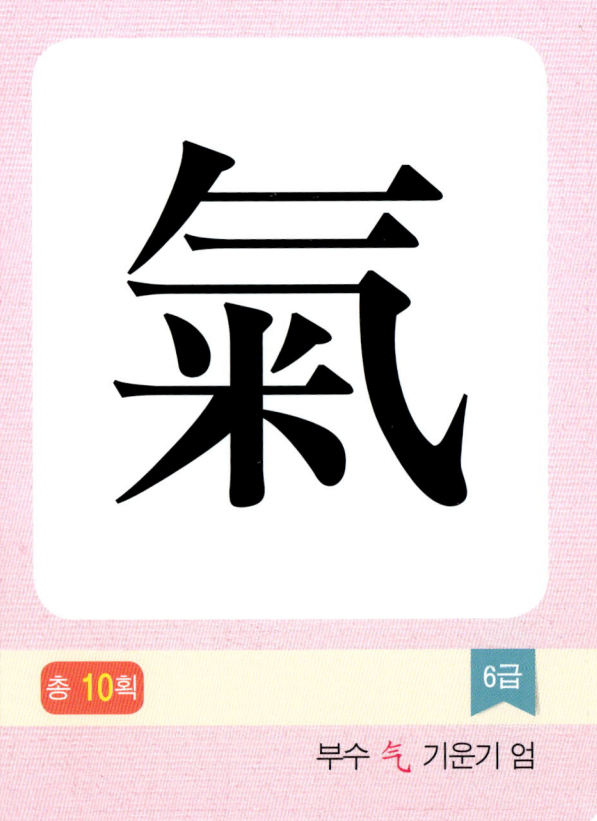

총 10획   6급
부수 气 기운기 엄

모(방향) **방**

낮 **오**

아닐 **불(부)**

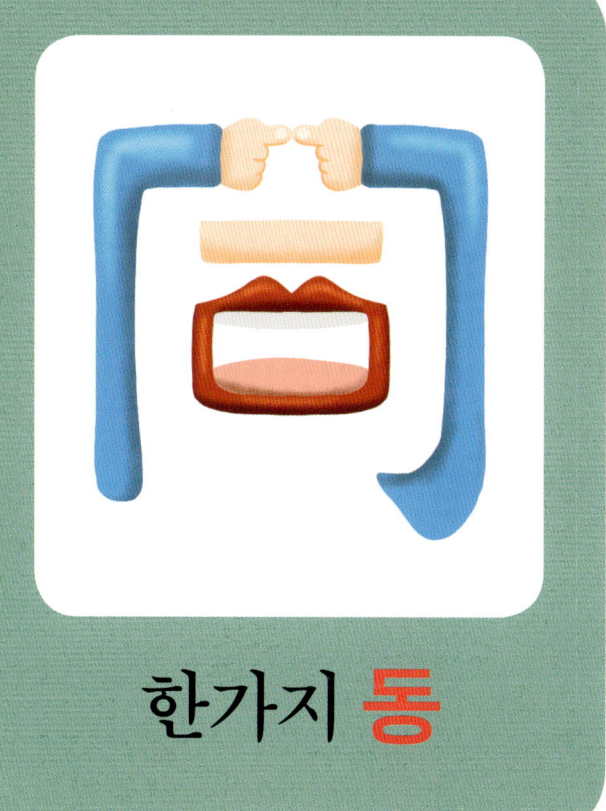
한가지 **동**

총 4획 · 6급 · 부수 十 열 십

총 4획 · 6급 · 부수 方 모 방

총 6획 · 6급 · 부수 口 입 구

총 4획 · 6급 · 부수 一 하나 일

끝 **말**

때 **시**

옷 **의**

옛 **고**

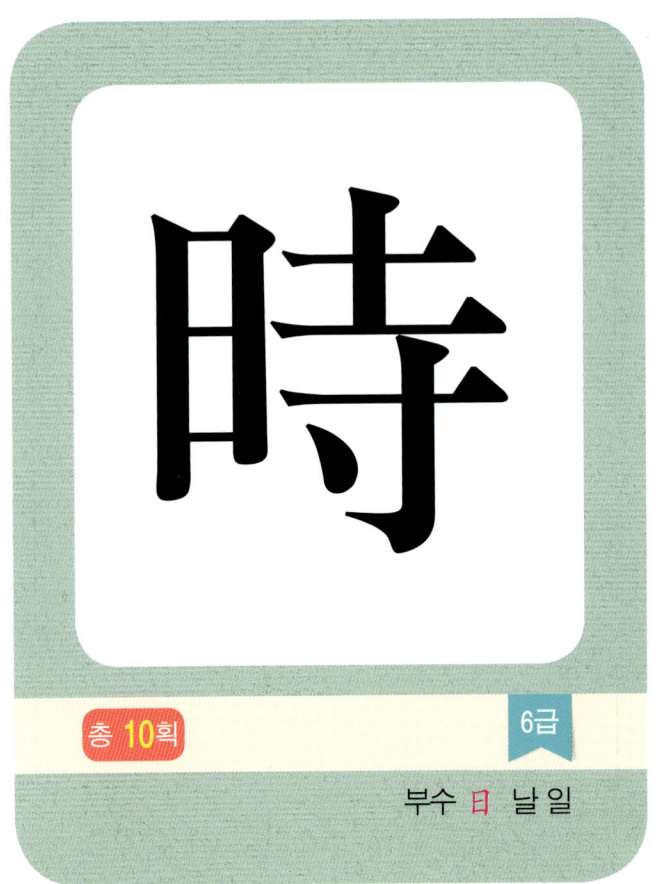
총 10획 6급
부수 日 날 일

총 5획 6급
부수 木 나무 목

총 5획 6급
부수 口 입 구

총 6획 6급
부수 衣 옷 의

수건 건

먹을 식

오를 등

빌 공

총 9획 · 6급 · 부수 食 밥 식

총 3획 · 6급 · 부수 巾 수건 건

총 8획 · 6급 · 부수 穴 구멍 혈

총 12획 · 6급 · 부수 癶 필발머리

마을 리

살 주

길/어른 장

마당 장

총 7획 · 6급
부수 人 사람인 변

총 7획 · 6급
부수 里 마을 리

총 12획 · 6급
부수 土 흙토

총 8획 · 6급
부수 長 길 장

근본 본

자리 위

수레 거(차)

인간/대 세

총 7획 6급

부수 亻 사람인 변

총 5획 6급

부수 木 나무 목

총 5획 6급

부수 一 하나 일

총 7획 6급

부수 車 수레 거

나라 국

백성 민

군사 군

낯 면

총 5획   6급
부수 氏 각시 씨

총 11획   6급
부수 口 큰 입구 몸

총 9획   6급
부수 面 낯 면

총 9획   6급
부수 車 수레 거

기록할 기

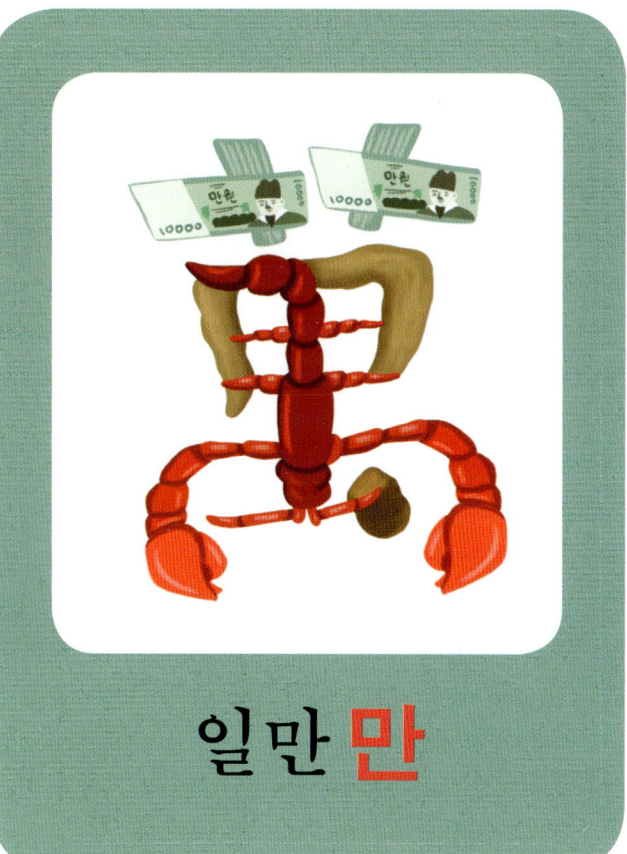

일만 만

물을 문

나눌 분

萬

총 13획 6급

부수 艹 초두머리

記

총 10획 6급

부수 言 말씀 언

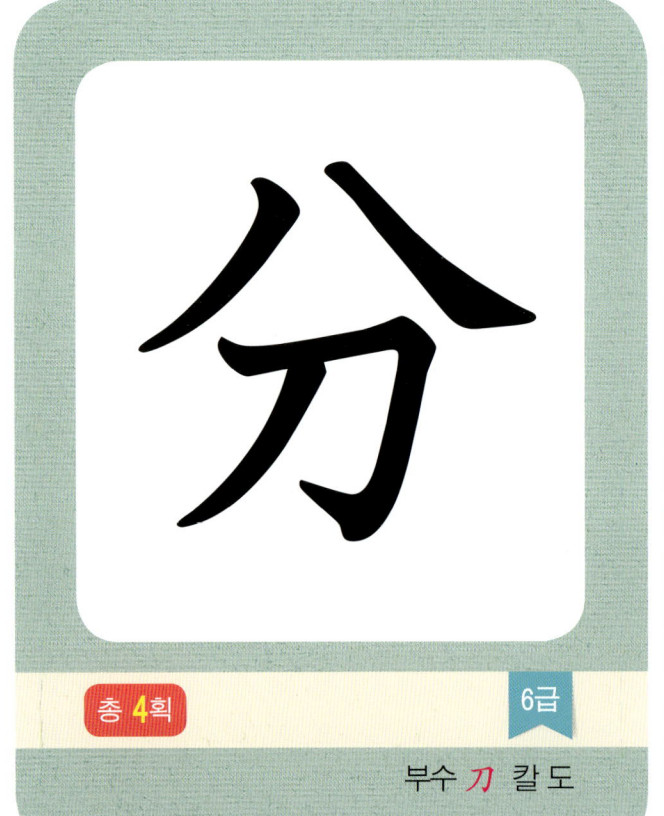

分

총 4획 6급

부수 刀 칼 도

問

총 11획 6급

부수 口 입 구

풀 초

평평할 평

저자 시

골 동

平

총 5획   6급

부수 干 방패 간

草

총 10획   6급

부수 ++ 초두머리

洞

총 9획   6급

부수 氵 삼수 변

市

총 5획   6급

부수 巾 수건 건

일 사

앞 전

뒤/임금 후

심을 식

총 9획 6급
부수 刂 선칼도 방

총 8획 6급
부수 亅 갈고리 궐

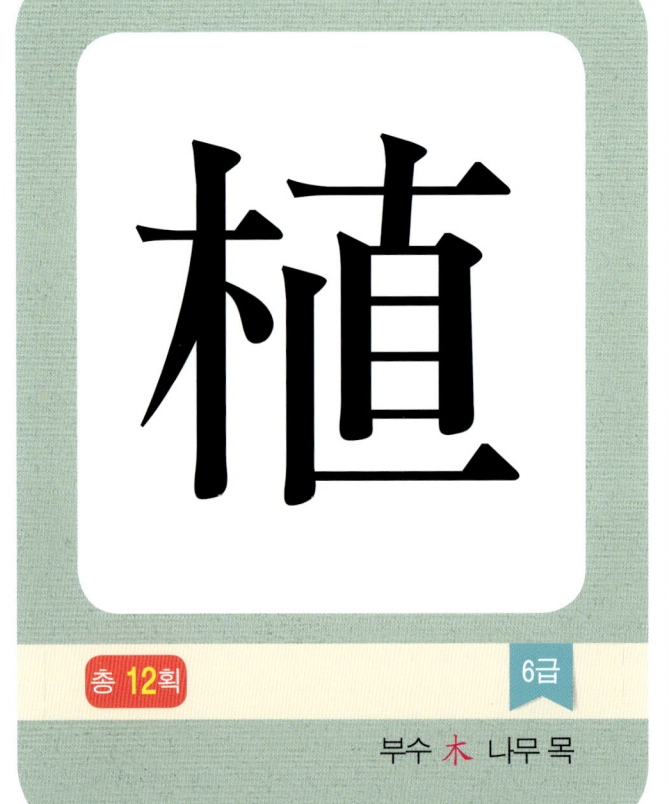

총 12획 6급
부수 木 나무 목

총 9획 6급
부수 彳 두 인변

바다 해

집 가

길 도

농사 농

조상 조

물건 물

편안 안

온전할 전

총 8획 · 6급
부수 牛 소우

총 10획 · 6급
부수 示 보일시 변

총 6획 · 6급
부수 入 들 입

총 6획 · 6급
부수 宀 갓머리

있을 유

좋을 호

배울 학

학교 교

총 6획   6급
부수 女 여자 녀

총 6획   6급
부수 月 달 월

총 10획   6급
부수 木 나무 목

총 16획   6급
부수 子 아들 자

효도 효

매양 매

고을 읍

가르칠 교

每	孝
총 7획　　6급 부수 毋 말 무	총 7획　　6급 부수 子 아들 자
敎	邑
총 11획　　6급 부수 攵 등글월문	총 7획　　6급 부수 邑 고을 읍

기를 육

한나라 한

말씀 어

대신할 대

빛 색

집 실

사이 간

합할 합

총 9획　6급
부수 宀 갓머리

총 6획　6급
부수 色 빛 색

총 6획　6급
부수 口 입 구

총 12획　6급
부수 門 문 문

바 소

나라 한

노래 가

너 니

韓	所
총 17획　　　　6급 부수 韋 가죽 위	총 8획　　　　6급 부수 戶 지게 호
你	歌
총 7획　　　　6급 부수 亻 사람인 변	총 14획　　　　6급 부수 欠 하품 흠

들/무리 문

의문조사 마

학년　　반
이름

MEMO

6급 HNK 배정한자 모아보기(80字)

★ 음을 기준으로 가나다 순서로 정리했습니다.
★ 한어병음은 중국어 발음 표기법입니다.
★ 대표훈음보다 자세한 것은 자전을 참고합니다.
★ [ ]는 중국에서 쓰는 간체자입니다.

家 집 가 jiā	歌 노래 가 gē	間[间] 사이 간 jiān	車[车] 수레 거(차) jū / chē	巾 수건 건 jīn
古 옛 고 gǔ	空 빌(비울) 공 kōng / kòng	校 학교 교 xiào	敎[教] 가르칠 교 jiāo / jiào	國[国] 나라 국 guó
軍 군사 군 jūn	今 이제 금 jīn	記[记] 기록할 기 jì	氣[气] 기운 기 qì	農[农] 농사 농 nóng
*你 너 니 nǐ	答 대답 답 dá	代 대신할 대 dài	道[道] 길 도 dào	同 한가지 동 tóng
洞 골 동 dòng	登 오를 등 dēng	來[来] 올 래(내) lái	老 늙을 로(노) lǎo	里 마을 리 lǐ
*吗 의문조사 마 ma	萬[万] 일만 만 wàn	末 끝 말 mò	每 매양 매 měi	面 낯 면 miàn
文 글월 문 wén	問[问] 물을 문 wèn	*们 들 문 men	物 물건 물 wù	民 백성 민 mín
方 모 방 fāng	本 근본 본 běn	夫 지아비 부 fū	分 나눌 분 fēn	不 아니 불(부) bù
士 선비 사 shì	事 일 사 shì	色 빛 색 sè	世 세상 세 shì	所 바 소 suǒ

市 시장 시 shì	時[时] 때 시 shí	食 먹을 식 shí	植[植] 심을 식 zhí	室 집 실 shì
安 편안할 안 ān	央 가운데 앙 yāng	語[语] 말씀 어 yǔ	午 낮 오 wǔ	位 자리 위 wèi
有 있을 유 yǒu	育 기를 육 yù	邑 고을 읍 yì	衣 옷 의 yī	字 글자 자 zì
長[长] 길다(자랄) 장 cháng / zhǎng	場[场] 마당(장소) 장 cháng / chǎng	全 온전할 전 quán	前 앞 전 qián	電[电] 번개 전 diàn
正 바를 정 zhèng	祖[祖] 조상 조 zǔ	住 살 주 zhù	草 풀 초 cǎo	平 평평할 평 píng
學[学] 배울 학 xué	漢[汉] 한나라 한 Hàn	韓[韩] 나라 한 Hán	合 합할 합 hé	海 바다 해 hǎi
向 향할 향 xiàng	好 좋을 호 hǎo / hào	孝 효도 효 xiào	後[后] 뒤 후 hòu	休 쉴 휴 xiū

부수도 익혀요

★ 한자에서 필획으로 쓰이는 부수 글자를 선정했습니다.

爪[爫] 손톱 조	幺 작을 요	戈 창 과	宀 집 면	頁[页] 머리 혈	欠 하품/부족할 흠
广 집 엄, 넓을 광	弋 주살 익	廴 길게 걸을 인	囗 에워쌀 위	夂 뒤져 올 치	廾 받들/손 맞잡을 공
彡 터럭 삼	支[攵] 칠 복	殳 칠/몽둥이 수	彐[彑] 돼지머리 계	彳 조금 걸을 척	疒 병들어 기댈 녁
歹 앙상한 뼈 알	爿[丬] 나뭇조각/조각 장	辵[辶] 병들어 기댈 녁			

8급 대한검정회 배정한자 모아보기 (총30字)

★ 음을 기준으로 가나다 순서로 정리했습니다.
★ 표제훈음보다 자세한 것은 자전을 참고하세요.

九 아홉 구	金 쇠 금	南 남녘(남쪽) 남	男 사내 남	女 여자 녀(여)
東 동녘(동쪽) 동	六 여섯 륙(육)	母 어미(어머니) 모	木 나무 목	門 문 문
父 아비(아버지) 부	北 북녘(북쪽) 북	四 넉(넷) 사	三 석(셋) 삼	西 서녘(서쪽) 서
水 물 수	十 열 십	五 다섯 오	月 달 월	二 두(둘) 이
人 사람 인	日 날 일	一 한(하나) 일	子 아들 자	弟 아우(동생) 제
七 일곱 칠	土 흙 토	八 여덟 팔	兄 맏 형	火 불 화

7급 대한검정회 배정한자 모아보기 (총50字 신출20字)

江 강 강	口 입 구	內 안 내	年 해 년	大 큰 대
目 눈 목	白 흰 백	山 메(뫼) 산	上 위 상	小 작을 소
手 손 수	外 바깥 외	右 오른 우	入 들 입	足 발 족
左 왼 좌	中 가운데 중	青 푸를 청	出 날 출	下 아래 하

6급 대한검정회 배정한자 모아보기 (총70자 신출20자)

犬	개 견
己	몸 기
林	수풀 림
馬	말 마
名	이름 명
百	일백 백
生	날 생
石	돌 석
先	먼저 선
姓	성씨 성
心	마음 심
羊	양 양
魚	물고기 어
玉	구슬 옥
牛	소 우
耳	귀 이
地	땅 지
川	내 천
千	일천 천
天	하늘 천

준5급 대한검정회 배정한자 모아보기 (총100자 신출30자)

車	수레 거
巾	수건 건
古	예 고
工	장인 공
今	이제 금
同	한가지 동
力	힘 력
立	설 립
末	끝 말
文	글월 문
方	모 방
本	근본 본
夫	지아비 부
不	아니 불
士	선비 사
夕	저녁 석
世	세상 세
少	적을 소
食	먹을 식
央	가운데 앙
王	임금 왕
位	자리 위
衣	옷 의
字	글자 자
自	스스로 자
正	바를 정
主	주인 주
寸	마디 촌
向	향할 향
休	쉴 휴

한자놀이 부록스티커

1단계 20p

2단계 34p

3단계 48p

4단계 62p

한자놀이 부록 스티커

5단계 76P

6단계 90P

7단계 104P

8단계 118P